旅游社会文化影响研究

Research on the Socio-cultural Impact of Tourism

唐晓云 著

科学出版社

北京

内 容 简 介

在旅游日益成为一种生活方式的当下,游客活动的普遍性和异质化给目的地社会带来多重影响。本书以乡村社区为分析单元,通过定性与定量结合的方法对旅游给目的地社区带来的社会文化影响进行分析,设计了可操作的旅游社会文化影响测量量表,创新性地构建了旅游社会文化影响测量及评价模型,系统阐释了旅游活动对目的地社会文化影响的内在机制,以及旅游社会文化影响的预警和调控方法,丰富和拓展了旅游社会文化影响研究体系,为目的地治理能力的提升和可持续发展提供了借鉴路径。

本书适合作为高等院校本科生、研究生的参考用书,对旅游行政主管部门和从业人员亦有借鉴意义。

图书在版编目(CIP)数据

旅游社会文化影响研究/唐晓云著. —北京:科学出版社,
2022.3

国家社科基金后期资助项目

ISBN 978-7-03-071546-3

Ⅰ.①旅… Ⅱ.①唐… Ⅲ.①旅游业-影响-文化社会学-研究 Ⅳ.①F59 ②G05

中国版本图书馆 CIP 数据核字(2022)第 030059 号

责任编辑:刘英红/责任校对:贾娜娜
责任印制:张 伟/封面设计:无极书装

科 学 出 版 社 出版
北京东黄城根北街 16 号
邮政编码:100717
http://www.sciencep.com

北京中石油彩色印刷有限责任公司 印刷
科学出版社发行 各地新华书店经销

*

2022 年 3 月第 一 版 开本:720×1000 1/16
2022 年 3 月第一次印刷 印张:9 1/2
字数:200 000
定价:98.00 元
(如有印装质量问题,我社负责调换)

国家社科基金后期资助项目
出版说明

  后期资助项目是国家社科基金设立的一类重要项目，旨在鼓励广大社科研究者潜心治学，支持基础研究多出优秀成果。它是经过严格评审，从接近完成的科研成果中遴选立项的。为扩大后期资助项目的影响，更好地推动学术发展，促进成果转化，全国哲学社会科学工作办公室按照"统一设计、统一标识、统一版式、形成系列"的总体要求，组织出版国家社科基金后期资助项目成果。

全国哲学社会科学工作办公室

自　　序

　　对我而言，进入旅游研究领域是一件十分偶然的事情。在涉足旅游研究之初，从一份资料中看到霍金斯先生的一句话，"旅游业不仅是一只会下金蛋的鹅，而且也会弄脏自己的巢"，当时将信将疑。因为那时，我们大多数人都在为旅游开发给目的地社会带来的巨大经济改观而欢呼。2003年我因为参加一项研究课题，在广西龙脊平安寨待了一个多月，惊叹于梯田秀美的同时，也初步接触到了旅游社区的道德与利益之争、文化传统传承与现代选择之困。每当面对那些旅游开发中的矛盾，我会不由自主去想，这些矛盾因何而起？可否通过形成一种良性机制来解决发展中的矛盾以推动社区的良性发展？作为一名学者，我想我不应仅是带着道德和价值的标尺去指责，更需要设身处地地观察和思考，以寻找理论源泉和实践方案。由此，出于对社区旅游可持续发展的关注，更出于实现社区居民权益的期望，我在研究生学习生涯甚至工作以后，一直关注社区旅游发展中居民权益及社区的可持续发展。发展权之于民众尤其是落后地区民众的重要性不言而喻，旅游发展之负面效应更应有解决的路径，旅游社区的治理也应有行之有效的科学方法。

　　旅游社会文化影响研究属于旅游社会学研究范畴，是一个汇集社会学、旅游学、文化学等诸多学科的交叉领域。若要使研究达到初衷，必然要找到一条合适的"路"。社会学是一门系统研究社会行为与人类群体的学科，旅游进入社会学的学术视野进而发展成旅游社会学研究领域，是以旅游成为一种群体性活动为前提的。从奥古斯特·孔德"1822年最伟大的发明"[①]，到埃米尔·迪尔凯姆的社会事实理论，乃至芝加哥学派的经验研究，实证主义都备受推崇。20世纪30年代芝加哥大学社会学系教授帕克受我国著名社会学家吴文藻先生之邀来中国讲学，开启了以社区研究来推行社会学中国化的进程。2005年发表的《社区旅游资源产权困境及其改善》

---

① 即著名社会学家孔德知识发展三阶段法则。三阶段法则表明，任何一种知识发展的初始阶段都是神学形式（即用万物有灵论、灵魂或上帝来解释），然后发展到形而上学（即用抽象的哲学沉思来解释事物），最后进入实证形式（即建立在观察、实验和比较基础之上的对于事物的科学解释）。

一文是我对社区旅游的最初思考,《旅游科学》杂志编辑朱绿梅老师见到投稿后即与我联系,给了我很大鼓励,文章也很快发表。这篇文章试图寻找旅游社区社会矛盾的根源,从物质第一性的唯物主义观点出发,分析了社区居民作为社区旅游产品和服务的生产者、旅游资源道义上的所有者,却不能拥有资源的收益权的矛盾。如今十几年过去了,政府部门对社区居民权益的关注,以及由此形成的新制度设计,已使得这一矛盾得到缓解。在一些游客较多的社区,不参与旅游发展的居民对游客进入的容忍度已接近极限,无形的社会成本正在对目的地社区的可持续发展形成新的制约。我们需要去寻找发现和测量这些负面影响的办法,从实践层面给出解决方案。本书正是在这一背景下,根据历年来的研究成果整理而成。

在大众旅游时代,旅游者自由进入城乡社区分享"主人"的生活已属寻常,但支撑旅游与社区可持续发展的、基于数据支持的旅游社区治理体系却有待建设。由于城市和乡村的经济体系、社会空间和环境系统存在差异,旅游活动对城市社会文化影响尚不突出,在乡村地区则非常显著,这也是本书选择广西龙脊平安寨为研究对象的原因。本书站在社区居民立场,采用实地调研、深度访谈为主的实证研究方法,结合建模量化评价提出旅游社会文化影响评价体系和调控思路,总体上属于微观旅游社会学研究范畴。本书共分为七个部分,分别是绪论、旅游社会文化影响及其理论阐述、旅游社会文化影响的量化表达及量表设计、居民感知视角的旅游社会文化影响测量及评价、基于结构方程模型的旅游社会文化影响机制分析、可持续发展框架下的旅游社会文化影响预警与调控,以及案例研究。为避免"轻理论、重实证"的不足,研究过程中注重理论基础研究和理论的创新,试图在旅游社会文化影响测量量表、旅游社会文化影响测量和建模分析、旅游社会文化预警及调控系统等领域有所突破。

本书取得了一些创新性的成果,包括形成了基于系统论的旅游社会文化影响测量量表,拓展了旅游社会文化影响研究的方法体系。本书还建立了单项指标和综合感知的旅游社会文化影响评价模型,为引入社会风险预警理念,提出旅游对目的地的社会文化影响预警机制及调控体系打下基础,并为小尺度旅游社区治理能力提升提供了路径,这些研究在国内外都处于比较前沿的位置。但受个人研究水平和能力局限,本书尚存在诸多不足,真诚地希望诸位同仁批评指正。旅游社会文化影响在不同类型目的地、旅游地不同发展阶段、不同研究视角有不同的表现,需要引入时间、传统习俗、制度、资本等更多变量深入考察。本书的初衷是阐述和推动社区居民旅游资源权益的实现,希望能够借此抛砖引玉,吸引更多的同行加入到这一研究领域形成更好的成果，推动旅游业在目的地社会更加科学理性地发展。

现在看来，当年的误打误撞却是正确的选择。在这波澜壮阔的时代，能有机会为国民旅行福祉的实现、为千百万业者发展而努力奋进，是我的幸运。在此书即将付梓之际，我想对所有给予课题研究帮助和支持的人表示感谢。课题组主要成员桂林理工大学秦彬博士全程参与了课题调研，西北工业大学叶琴博士做了大量文献梳理工作，中国旅游研究院宋子千研究员、胡抚生博士、谢仲文博士对课题设计提了诸多有益的建议，一并致以谢忱。尤其感谢中国旅游研究院院长戴斌教授，戴斌院长是过去十余年我从事旅游研究的引路人和坚定支持者，他的报国情怀和远见卓识常常成为我前行道路上的指引。特别感谢桂林理工大学吴忠军教授，在我进入旅游研究领域以来及本书研究过程中给了诸多帮助和支持，尤其是在案例地资料收集和现场调研过程中予以大力协助。特别感谢中国科学院地理科学与资源研究所闵庆文教授，闵老师对保护和弘扬全球重要农业文化遗产的宏远视野和执着用心，使我坚持对龙脊梯田进行研究。感谢活跃在旅游社会文化影响领域的诸多国内外学者和同仁，本书是在吸取诸多公开成果的基础上开展的。感谢我的家人和朋友，是他们对我一如既往的支持和爱，给了我勇气和力量，使我不惧困难，坚定前行。

是为序。

前　言

　　旅游社会学研究有宏观与微观之分，本书以乡村社区为分析单元对旅游社会文化影响进行研究，汇集了社会学、旅游学、文化学等多学科知识，总体上仍属于微观尺度的旅游社会学范畴。20世纪60年代就有国际学者开始涉猎目的地旅游社会文化影响。在我国，该领域的研究起步于20世纪80年代旅游业发展之初。1996年，社会学家李培林提出"社会结构转型"理论之后，社会转型成为分析我国现代化进程中社会风险的有力工具和主导范式。由此，旅游社会文化影响领域在研究视野上更加宽阔。旅游开发对目的地社会的影响亦被解析为社会转型的一种表现，也因为旅游社会文化影响有可能造成社会风险并影响社区旅游业可持续发展，这一领域开始得到相关部门重视。就其理论进展而言，虽然该领域已有较多研究性成果，但多数成果重心仍在发现和提出问题，朝着解决问题的量化评估和风险调控实践却一直鲜有学者涉猎，这恰恰给本书留出了一个可供深入探索的空间。

　　从构建可实践的旅游社会文化影响预警及调控系统出发，本书通过系统梳理半个世纪以来本领域的研究成果，从结构功能主义、冲突论、可持续发展理论的理论视角出发，以广西龙脊平安寨为例，通过文献研究、调研分析、统计建模等方法对目的地社区旅游社会文化系统、旅游社会文化影响的测量量表、评价模型、影响机制、预警调控等方面进行了深入研究，试图回答四个问题。

　　第一，旅游社会文化影响可以开发量表来测量吗？本书通过确定研究范畴、评估量表设计目的、以二分法为基准建立量表指标库、专家小组讨论遴选指标项、确定指标项的问卷表述、预调查以净化尺度、实地调研及尺度验证等多个步骤，形成由35个指标组成的旅游社会文化影响测量量表，作为测量的尺度。量表表达了旅游社会文化影响主要包括三个方面：①社会文化发展因子，包括妇女地位、本地人地位、本地形象、居民自豪感、居民文娱活动/设施、居民的健康状况、居民受教育水平、与外界的文化交流、对文化活动的需求、社交活动、文化优越感等因素。②文化因子，包括传统建筑及历史遗迹、民族风俗/节庆、居民的生活方式、历史文化展览、文化商品化、虚假民俗文化、使用外地语言的频率、居民的好客程度、居民的文明礼仪、居民的法制观念、居民的道德水平和居民的民族信仰等因素。③社会因子，包括犯罪率、社会治安、外来经营者数量、与周边区域关系、邻里关系、家庭矛盾、交通便利性、公共设施及其利用、社区拥挤程度、贫富差距、物价水平等因素。

第二，旅游社会文化影响如何建模评估？本书根据旅游社会文化的特征构建了分项测量和综合评估两种评价模型。分项测量是对量表中的单项指标进行测量，采用半定量测量模型，主要测量旅游地社会文化的变化程度、变化方向和居民对变化的接受程度。其中，半定量测量模型是将Fishbein（1963）的多属性态度模型进行改进，将居民对旅游地社会文化变化的综合感知定义为"综合感知=变化程度×接受程度"，使量表能更加准确地反映居民态度。综合评估是对整体指标的变化和居民总体对变化的接受程度的测量，采用灰色模糊综合评价法。通过分项测量发现，成熟型社区旅游目的地的社会文化发生了较大变化，正向变化大于负向变化。外来移民增加、社区拥挤程度增加、物价水平上升、贫富差距加大等因素影响居民满意度，社会风险增加。从对社会文化因素的承受能力看，社区居民对旅游开发后的社会文化变化倾向于接受且居民有较高的承受能力。从整体评估结果看，社区居民对旅游开发后社会文化的一系列变化持肯定态度。案例地广西龙脊平安寨、金坑的旅游社会文化影响总体符合社会发展方向，在当地居民可以接受的范围内。

第三，旅游活动如何影响目的地社区的社会文化？本书运用结构方程模型方法构建了旅游社会文化影响的居民感知结构方程模型，定量分析了作为社区主人的居民对目的地旅游正负影响的感知，以及旅游影响与居民参与度、居民支持度之间的相互关联程度。研究发现，居民在旅游发展中的参与度与居民对旅游影响的收益感知之间存在显著的正相关性，居民参与旅游经营的程度越深，对旅游社会文化影响的感知越明显。同时，居民对旅游开发成本的感知及其对旅游开发的支持度之间呈负相关关系，参与旅游经营越少的居民越反对旅游开发。

第四，如何对旅游目的地社会文化影响实施有效治理？本书认为，建立预警及调控方法是提高目的地社区旅游治理能力的新途径。本书借助社会风险预警理念，在国内较早提出要建立旅游对目的地的社会文化影响预警及调控系统的思路，尝试构建了旅游社会文化影响预警及调控系统，包括构建旅游社会文化影响预警指标体系、建立预警评判及分级标准、进行实证警情分析，以及政策干预等。研究表明，本书建立的旅游社会文化影响预警及调控系统具有较高的可行性，可为目的地社区治理提供有效途径。

在对目的地旅游社会文化风险监测、分析和预警基础上，本书还提出了旅游社会文化影响的调控方案。

　　经济学关注效率，社会学关注公平。本书的研究始终关注目的地社区旅游发展中的居民文化权益实现和利益公平问题。当旅游活动日益深入居民的生活空间，无论在城市还是乡村社区，游客活动作为外生变量都将对目的地社区带来不同程度影响。为确保目的地社区经济社会的可持续性发展，有必要采取手段对游客活动进行干预，并对社区旅游经营活动进行调节。构建社会文化影响的预警及调控系统是提高社区旅游治理能力的有益尝试。但目前的研究尚处于初步阶段，更多是从游客活动角度考察旅游对社区社会文化的影响。事实上，本土和外来旅游企业及其经济活动对当地社区社会文化的影响也是非常重要的，其中当然也有现代化背景下社会文化自然发展和变迁的洪流的影响。旅游活动的社会文化影响在不同类型、不同发展阶段的目的地，以不同价值观和理论视角来看都会有不同的表现，还需要引入时间、空间、习俗、制度、资本等更多变量深入考察。总之，这是一个值得我们继续开拓的领域，未来的研究还有很大的空间。此处仅为抛砖引玉，相信会有更多学者呈现给我们更好的研究。

目 录

第一章 绪论 ··· 1
- 第一节 旅游活动的社区化趋势及影响 ································ 1
- 第二节 社区旅游社会文化影响研究的理论视角和实践意义 ········ 3
- 第三节 社区旅游社会文化影响研究的主要方法与案例选择 ········ 6

第二章 旅游社会文化影响及其理论阐述 ······························ 11
- 第一节 旅游社会文化影响的内涵 ····································· 11
- 第二节 旅游目的地社区及其社会文化系统 ·························· 13
- 第三节 研究的理论轨迹与文献综述 ··································· 19
- 第四节 与研究相关的理论阐述 ·· 23

第三章 旅游社会文化影响的量化表达及量表设计 ·················· 26
- 第一节 旅游社会文化影响的量化表达 ······························· 26
- 第二节 专用量表设计及准备 ··· 27
- 第三节 初步量表形成与预试 ··· 31
- 第四节 正式量表调查与分析 ··· 36
- 第五节 正式量表形成 ··· 40

第四章 居民感知视角的旅游社会文化影响测量及评价 ············ 45
- 第一节 测量目标的确立 ·· 45
- 第二节 测量量表及指标体系 ··· 46
- 第三节 居民感知视角的评价模型构建 ······························· 46
- 第四节 实证评价结果 ··· 51

第五章 基于结构方程模型的旅游社会文化影响机制分析 ········· 70
- 第一节 结构方程模型的引入 ··· 70
- 第二节 模型建构及基本假设 ··· 71
- 第三节 探索性因子分析 ·· 72
- 第四节 假设检验 ··· 74
- 第五节 结果分析 ··· 76

第六章 可持续发展框架下的旅游社会文化影响预警与调控 ……… 80
第一节 旅游社会文化影响的主要方面 ……………………… 80
第二节 旅游社会文化影响的预警体系构建 ………………… 81
第三节 可持续发展框架下的旅游社会文化影响调控 ……… 89
第四节 值得讨论的几个问题 ………………………………… 94

第七章 案例研究 ……………………………………………………… 96
第一节 龙脊平安寨旅游社会文化影响观察 ………………… 96
第二节 金坑旅游社会文化影响观察 …………………………105

参考文献 ……………………………………………………………………117

附录1 国外旅游社会文化影响的主要量表 ……………………………124

附录2 国内旅游影响研究的主要量表 …………………………………125

附录3 旅游社会文化影响研究调研问卷 ………………………………135

第一章 绪 论

社会学是一门系统研究社会行为与人类群体的学科，旅游进入社会学的学术视野进而发展成为一个研究领域，是以旅游成为一种群体性活动为前提的。按照埃米尔·迪尔凯姆的观点，在逻辑上社会永远不可能用个人的动机来解释。从社会学视角去探索作为群体现象的旅游活动，的确有些难为之处。无论是采用奥古斯特·孔德、斯宾塞、埃米尔·迪尔凯姆所强调的对一般社会现象的实证主义，还是马克斯·韦伯（Max Weber）侧重个体的反实证主义路线，量化但表面化的数据与特定情境中直接的现象学经验二者之间，确实各有长短。20世纪五六十年代，国际旅游业进入大众旅游时代，基于可持续发展旅游理念的实践重心已经从游客权利向主客权利转向的事实，本书综合了两种路线，即选择从案例社区居民的视角来探索实证与量化结合的研究，通过对案例地的问卷调查、半结构访谈和数学建模的定量方法，结合观察、深度访谈和个案研究等定性方法，探讨游客持续涌入给目的地社区社会结构、社会关系和文化结构带来的变化及影响，从而为目的地社区治理能力提升和可持续发展提供决策支持。

第一节 旅游活动的社区化趋势及影响

一、结构性和文化性条件推动旅游成为一种社会现象

旅游活动自古有之，现代意义上的旅游业诞生于19世纪40年代的英国。第一次工业革命极大提升了英国的社会生产率，使英国社会从传统农业社会转向工业社会，收入渐丰的居民旅游需求日益兴起，蒸汽机车的发明更为有组织的旅游活动开展提供了技术基础。第二次世界大战之后，发达国家带薪休假制度的普及、飞机和汽车等交通工具的发展、互联网在线旅游企业的出现，使游客活动的组织方式从团队转向自由行。游客活动不再仅仅是封闭的旅游线路，更多是自由行走的异地生活。联合国世界旅游组织的统计数据显示，2018年国际旅游人数达到14亿人次，约占全球人口规模的18%。现代旅游活动发展速度之快、规模之大，对旅游目的地

社会产生巨大影响，并成为重要的社会现象。旅游对目的地社会文化产生的影响具有两重性，我们要客观看待和审慎对待，确保目的地社会的可持续发展。

二、游客需求转向都市和乡村社区承载的美好生活

旅游是现代社会一项很普遍的日常活动。根据中国旅游统计年鉴数据测算，1993~2019年国内旅游人数年均增幅为10.9%，旅游收入年均增幅达到17.5%。2019年国内游客达到60.06亿人次，出境旅游近1.55亿人次，人均出游超过4次，旅游在中国也进入了寻常百姓家庭。当下的旅游活动正在经历从观光到休闲的发展进程，人们的日常生活空间逐步成为游客休闲游览的对象。这一进程是旅游活动从少数人的奢侈到多数人的寻常、组织方式从团队转向自由行、消费场所从景区走向社区、服务供给从集中到分散的演化过程。游客或流连于风景旖旎的乡村小道，或忘情于别具风情的城市休闲街区，日渐深入目的地居民的日常生活。近年来乡村旅游和都市休闲的高速增长即是佐证，乡村民宿业的兴起亦可见此端倪。根据农业农村部的数据，2019年全国乡村休闲旅游业接待33亿人次，营业收入超过8500亿元。

三、"双刃剑"现象促使社会各界聚焦旅游可持续发展

旅游业的经济效应曾经给人们带来诸多惊喜，但随着高频次的游客活动不断进入生态敏感区、少数民族文化聚集区，旅游对生态和文化的影响就逐步显现出来。旅游活动的负面影响受到多个国际组织的密切关注。世界自然和文化双遗产马丘比丘就因为游客过量造成的景区污染、山体滑坡等问题遭到过联合国教育、科学及文化组织的警告。1992年联合国环境与发展大会通过了《21世纪议程》，提出了资源和环境的可持续利用倡议。倡议警示，旅游业发展既要关注经济可持续性，更要关注旅游对资源利用的代际公平，得到了世界各国的积极响应。然而在互联网等先进技术支撑下的游客活动进一步高频化、多元化，使社区社会文化备受挑战。也有一些社区对旅游业过度依赖，造成产业结构过于单一，容易受市场冲击。帮助目的地社区减少旅游活动带来的不良影响已经迫在眉睫。

四、可持续理念推动旅游权利由游客转向主客

人们对旅游可持续发展理念的认识是一个渐进深化的过程。一些成熟的旅游目的地在经历旅游业快速发展之后，开始承受贫富差距扩大、物价

上涨、文化退化及断层、土地争议，以及家庭矛盾和邻里矛盾升级、社会治安下降、利益分配不当等负面后果时，对社区旅游资源的保护和旅游开发中多元利益主体的协调提上了议事日程。1995年可持续旅游发展世界会议上通过的《可持续旅游发展宪章》明确提出，旅游发展目标要符合经济期望目标和环境要求，不仅要考虑当地的社会与自然结构，而且要尊重当地的居民。会议达成共识，旅游发展必须考虑旅游对当地文化遗产、传统习惯和社会活动的影响。以此为起点，旅游可持续理念对旅游权益的关注由游客转向了主客（即游客和东道主）双方，由关注经济可持续转向关注经济文化可持续。这是以人为本的发展理念的延伸，是对社区治理能力提升和文化可持续问题的回应，也正是本书从社区居民视角出发展开旅游社会文化影响研究之起始。

第二节　社区旅游社会文化影响研究的理论视角和实践意义

旅游社会学是社会学与旅游学的交叉研究领域。社会学是研究社会行为与人类群体的学科，只有个体行为发展为社会现象的时候，才会进入社会学研究的视野。因此，旅游社会学研究是以旅游活动成为一种社会现象为前提，其研究重心是由旅游活动引起的群体行为、社会结构和社会关系。自20世纪五六十年代大众旅游在欧美等发达国家兴盛以来，以不断扩大的全球旅游业为依托，旅游社会学形成了多元化的研究体系。

一、以社区为单位的微观旅游社会学研究

（一）宏观与微观旅游社会学

宏观社会学和微观社会学是社会学研究的两种基本范式。宏观社会学研究的重心是社会宏观角度的分析，对大中型社会的社会整体、社会关系和社会结构等进行研究。微观社会学又称为小型社会学，侧重对社会互动、社会角色和人际关系的研究。部分社会学家把对社会的微观分析比喻为"细胞分析"，宏观的结构分析则称为"骨骼分析"。据此，旅游社会学也可以分为宏观和微观两个层面。宏观层面主要研究旅游对社会整体结构、社会关系、社会结构的影响，如旅游对社会劳动分工、民族团结、国际关系、文化传承、公共教育等方面的影响。微观层面主要是研究旅游对小尺度社会结构、社会角色和人际关系等内容的影响。总的来看，作为社会学和旅游学的交叉学科，旅游社会学研究的主要是旅游地群体行为、社会关

系、社会结构及运行，以及旅游地社会问题和社会文化影响。

（二）小尺度目的地的旅游社会文化影响微观研究

旅游社会文化影响是旅游社会学研究的重要组成部分。20世纪60年代的旅游社会文化影响研究主要是探讨旅游对目的地的积极影响，20世纪70年代重点关注旅游负面影响，进入21世纪后，学者对旅游社会文化积极和负面影响的研究基本处于均衡态势。但有一点，无论学者是探讨旅游对目的地社会就业、生活方式、家庭结构的影响，还是关注旅游的新"殖民主义"、价值或道德标准，半个多世纪的旅游社会学研究都主要集中在微观社会学领域。学者刘赵平曾提出旅游社会文化影响的定义，认为旅游社会文化影响是旅游活动对目的地社会的价值观和意义体系（如语言、服饰、宗教等），以及社会生活质量（如家庭结构、性别角色、社会结构等）所产生的影响，这一定义总体上也是从微观旅游社会学视角出发的。

以社区为基本单位的微观旅游社会学研究具有重要的现实和理论意义。20世纪80年代以来，随着游客的旅游活动日益深入社区生活，旅游社会学研究更加关注社区居民、社区参与和主客关系等话题。当前，我国旅游业已经进入大众旅游发展阶段，旅游逐步以一种生活方式而存在，游客的旅游活动正在从景区走向社区，从观光娱乐的需求转向对美好生活的需要。近年来，无景点旅游、都市休闲街区旅游、乡村社区旅游等专项旅游市场持续快速增长即是例证，对社区旅游社会影响的研究在此时显得更有意义。为此，本书选择了以社区为单位的旅游社会文化影响研究，其属于微观旅游社会学的研究范畴。如无特殊说明，后文凡提及旅游社会文化影响均指微观旅游社会学框架下的影响研究。

二、结构功能主义和可持续发展的理论视角

观察和发现旅游活动的社会文化影响是一门艰难的学问。柯林斯和马科夫斯基在《发现社会：西方社会学思想述评》中提到，社会学的历史是一个各种世界观发展的过程，每一步的向前拓展都在于它提出了一些以前没有被提过的问题，消除了以前的一些困惑，或者融进了一些以前未被观察到的事实。如果要想提出未被提出过的问题，或者消除一些已有的困惑，那么发现和选择恰当的理论视角就显得十分必要。本书的研究主要涉及旅游目的地社会结构、社会关系、生活方式、就业结构、社会态度等问题，理论视角主要以结构功能主义和冲突论为主，作为交叉研究，兼顾旅游发展中的可持续发展理论和管理学科的系统论。

（一）结构功能主义

结构功能主义是现代西方社会学中的一个重要的理论流派，形成于第二次世界大战之后，在社会学及其相关学科研究中使用极为广泛。美国社会学家塔尔科特·帕森斯（Talcott Parsons）在其著作《社会行动的结构》中对维弗雷多·帕累托（Vilfredo Pareto）及马克斯·韦伯等的理论进行了综合，并在其《社会系统》一书中阐述了"作为一个系统的社会"的观点。他认为，社会因果关系非常复杂，社会结构的动因存在于它与其他结构的关系当中。社会的各部分（政治、经济、家庭、文化等）都可以作为其他机制的功能，它们之间进行着功能交换，相互支持。在社会系统中，行动者之间的关系结构形成了社会系统的基本结构。

根据这一理论，与生物有机体一样，社区的社会文化系统是相互关联的，由群体、阶层和社会设置构成。在一定地理空间上的旅游吸引物和旅游专用设施、旅游基础设施及相关条件结合起来，成为游客停留和活动的地方，我们称之为旅游目的地。当目的地空间为社区时，我们称之为旅游目的地社区。在旅游目的地社会系统里面各行动者之间的关系结构形成了旅游目的地社区的基本结构。地方政府、目的地社区及其居民、游客、旅游企业及投资者等群体行动者构成了社区的关系结构和旅游社区的主要利益相关者。围绕旅游活动而形成的特殊的关系结构是本书探讨旅游社会文化影响的基本结构。

（二）可持续旅游理论

可持续旅游理论是可持续发展理论在旅游领域的体现。一般来说，可持续发展理论是指既满足当代人的需要，又不对后代人满足其需求的能力构成威胁的发展方式，以公平、可持续和共同性为三大发展原则。该理论起始于1962年美国生物学家蕾切尔·卡森（Rachel Carson）在其科普作品《寂静的春天》中描绘了一幅农药污染的情形在世界范围内引起了人类对于发展观念的反思。之后，罗马俱乐部发表《增长的极限》和1987年世界环境与发展委员会发表的《我们共同的未来》将可持续发展理念推进了一大步。可持续旅游理论是可持续理论在旅游领域的延续，本质上是要通过保护环境和文化实现旅游发展的代际公平。该理论的主旨是要保护环境和文化，改善目的地居民的生活，向游客提供高品质的旅游服务，以实现旅游发展权益在当代主要利益群体及后代人之间的均衡。

可持续发展理论及其观点是本书的主要支撑。主张公平、可持续和共同价值三大发展原则，是本书坚持的价值观和理论落脚点，也是本书提出旅游社会文化影响预警及调控系统的出发点和落脚点。期望能够通过对旅游目的地社会文化系统进行监测和预警提升社区治理能力，实施有利于多元利益主体共同成长的治理框架，以实现目的地社会的可持续发展。

三、社会学视角的旅游社会文化影响研究实践

通过对目的地旅游社会文化影响进行动态监测、分析预警、实施调控措施来提升社区旅游发展治理能力，促进目的地可持续发展，具有积极意义。为此，需要开展包括旅游社会文化影响专有测量量表、测量评价模型、预警及调控系统等在内的一系列研究工作。

首先，要形成旅游社会文化影响专有测量量表。尽管已有的研究已经存在部分测量量表，但多数量表为旅游经济、社会、文化和环境混合量表，尚未有旅游社会文化影响专项量表。本书从结构功能主义理论视野出发，构建目的地旅游社会文化系统，结合旅游社会文化影响作为社会学、旅游学交叉学科的特点，通过整合已有量表中社会因子、文化因子和社会文化发展因子来进行量表设计。

其次，要建立系统的旅游社会文化影响测量及评价模型。已有的研究更加重视量表的开发，而忽视量表开发后的结果评估和实践应用。要用好量表，就需要建立针对量表各组成指标的量化计算方法，从而使量表具有数学意义和决策功能。为此，有必要构建居民视角的目的地社会文化变化的可接受程度模型。本书根据旅游社会文化的特征创新性地形成分项测量和综合评估两种方法。分项测量是对量表中的单项指标进行测量，采用半定量测量模型。综合评估是对整体指标的变化和居民总体对变化的可接受程度测量，采用灰色模糊综合评价法。

最后，建立旅游社会文化影响预警及调控系统来提升旅游社区治理能力。这是本书最为突出的创新点，本书将通过构建居民感知结构方程模型，定量分析居民参与和居民支持度之间的关联程度，运用建模结果探索和提出旅游社会文化影响的预警及调控系统，有针对性地提出旅游目的地社会文化影响缓解方案。

第三节 社区旅游社会文化影响研究的主要方法与案例选择

一、研究方法和思路

研究的价值选择将影响研究结果，一个恰当的价值选择是成功的关键。作为对现代性突出矛盾的回应，社会学最早出现于19世纪，从诞生

之日起其价值选择就是个难题。在具体研究时，往往很难做到完全的价值中立。万斯在进行《乡下人的悲歌》写作时，是以"局内人"的视角去观察和探视美国蓝领阶层的困境的。伟大的思想家卡尔·马克思则是站在普通工人的立场去观察和发现物质和意识的关系。从可持续发展理念出发，本书最终选择了以社区居民的视角来观察和探究旅游社会文化影响，并尽量区分事实和价值，以确保对问题客观和理性的认识过程。

（一）研究方法

从奥古斯特·孔德"1822年最伟大的发明"，到埃米尔·迪尔凯姆的社会事实理论，乃至芝加哥学派的经验研究，实证主义都备受推崇，而马克斯·韦伯及其抽象的"理性形式"却是反实证主义的。无论如何，过于关注短期技术性问题的极端实证主义是需要避免的。在方法论层面，我们需要有抽象的哲学沉思，也要有以观察、实验和调查为基础的实证方法。对旅游社会文化影响的研究应该从何入手，是继研究价值立场选择之后的第二个难题。旅游之于社会文化在宏观层面和小尺度目的地社区层面的影响有不同的表现，从不同视角和层面去观察，往往结果不同，需要我们首先确定关注的问题，再来选择合适的视角和方法。按埃米尔·迪尔凯姆的观点，在逻辑上社会永远不可能用个人的动机来解释。为更好地揭示研究对象，本书选择以观察、访谈和调查等为主的方法，将定性和定量相结合展开研究。

作为典型的交叉研究，本书覆盖了旅游学、社会学、文化学等多学科方法，包括采用系统分析法、文献研究法、田野调查法、问卷调研法。在确定测量量表时，主要采用文献研究法、旅游影响尺度（tourism impact scale，TIS）模型、旅游影响态度尺度（tourism impact attitude scale，TIAS）模型、问卷调查法、因子分析法、相关分析等。在量表测量及分析时，主要采用专家意见法、半定量模型、综合模糊评价法，以及结构方程模型。

（二）研究思路

在以社区为基本单元的旅游社会学研究中，社区居民是当地社会文化的继承者和创造者，是探索和发现问题的关键，因此居民感知的视角在此类研究中最为常用。本书运用文献研究工具对旅游社会文化影响研究的358篇样本论文的关键词进行统计分析，结果表明样本论文中超过45%的样本论文是从居民感知的角度对目的地旅游社会文化影响展开研究，通过设立开放或封闭式问题、封闭式量表对居民的感知和态度进行测量等方式来进行数据采集，在此基础上，根据需要应用专业软件来进行因子分析、相关分析和结构方程建模获得相关结果。

事实上，居民作为旅游目的地文化传承人及旅游经济的重要组成，从其特殊身份来看，也是最合适的旅游社会文化影响感知受访者。其一，居民感知结果是目的地社会文化影响调控的依据。当地居民是社会文化影响的承受者，只有通过对他们的变化感知及接受度的测量来获得社会文化变化的正负面影响，才有进行旅游社会文化影响调控的依据，才能确保目的地社会文化的有序传承。其二，居民是社区旅游发展中的弱者，从居民的视角进行研究有利于发现和改善旅游发展的公平性问题。社区居民也往往是旅游经济利益相关者中的弱势群体，需要合理的利益分配格局保障其利益的实现。其三，无论是游客在社区的旅游活动，还是从业者在社区的旅游经营活动，居民都是最先的感知者。通过对其社会文化感知的测量，监测其对当地旅游发展的看法，既可反映当地旅游开发中社会文化的变化，也可了解和发现社区发展的公平性问题，为政府部门的旅游开发调控提供依据和数据支持。

（三）数据采集

数据采集主要通过对旅游目的地社区居民实施问卷抽样调查、"一对一"深度访谈和观察等途径获得。本书进行了四次数据采集和调研访谈。第一轮是预调研，于 2011 年 7 月在广西龙脊平安寨进行，此轮调研对测量量表进行了预设，在数据处理后完善了测量量表。第二轮是正式调研，分别在 2011 年 11 月和 2012 年 4 月开展，为期两周。采用问卷抽样调查的方式，调查地点为广西桂林龙脊风景区内的平安寨和金坑两个村寨。其中龙脊平安寨核心区部分的家庭为 156 户，约 790 人，发放问卷 400 份，回收 380 份，有效 336 份。金坑抽样地点设在旅游发展相对成型的田头寨，村寨约 200 人，发放问卷 136 份，回收 124 份。第三轮是课题立项后的补充调研，针对评审人提出的问题和完善方案，分别于 2013 年 10 月、2015 年 1 月进行了两次补充的实地调研，补充了龙脊平安寨和金坑的居民访谈。第四轮调研是 2018 年 2 月进行的数据采集，调研对象主要是龙胜各族自治县文化广电体育和旅游局、龙胜各族自治县龙脊风景名胜区管理局和桂林龙脊旅游有限责任公司，重点补充了 2012 年以来的平安寨和金坑的旅游发展情况的数据。

二、案例选择

广西桂林龙脊风景区内的平安寨和金坑的田头寨是两个典型的案例地，分别代表了旅游地生命周期中成熟期和成长期两个不同阶段。广西龙脊梯田景区是省级风景名胜区，位于广西壮族自治区桂林市龙胜各族自治县和平乡的东北部，距离龙胜县城 22 千米，距离桂林 80 千米，以稻作梯田文化景观而享誉国内外。

平安寨地处龙脊梯田景区的山梁上，是一个典型的大型壮寨。占地约 3 万平方米，平安寨三条沟一共分为 8 个村民小组。村寨至今保持着传统的干栏式木楼，全杉木结构。自明代起，该地区历经百年形成了目前的集"森林—村寨—稻田—河流"于一体的高山稻作梯田农业文化系统。该村寨自 20 世纪 80 年代末开始发展旅游，目前已经形成年接待量 30 万人次左右的市场规模，是我国旅游学者开展旅游影响研究常选择的案例地。图 1-2、图 1-4、图 1-6 展示了龙脊平安寨的地理环境和人文风俗。

田头寨位于金坑红瑶梯田内，是一个典型的红瑶聚居区。红瑶是瑶族的一支，因妇女外衣花纹图案以粉红色为主而得名。田头寨是从大寨村分出来的一个小寨子，位于大寨村右边的山坡上，村子不大，几十户人家，住得很分散。图 1-1、图 1-3、图 1-5 展示了田头寨的地理环境和人文风俗。全村建筑全为依山而建的吊脚木楼，吊脚楼背靠山坡，前面用木柱支起，木柱下用石块砌一层地基，以填平山的斜坡所造成的不平，很有民族特色。

图 1-1　金坑田头寨　　　　　　图 1-2　龙脊平安寨

图 1-3　金坑红瑶晒衣节　　　　图 1-4　龙脊壮族丰收节

图 1-5　金坑红瑶迎亲　　　　　图 1-6　龙脊壮族特产

第二章 旅游社会文化影响及其理论阐述

探讨旅游活动对目的地社会文化的影响以了解和掌握社会文化的内涵和范畴为前提。文化是人类社会的信息载体，文化体系反映一定时间空间内人类社会生活生产状态的各类实物载体和符号载体内容。旅游目的地的社会文化系统是特定的旅游场域空间中人们生活生产活动的状态及各种实物或符号载体。本章从结构功能主义、可持续发展理论等多理论视角出发，构建了旅游目的地社会文化系统研究的边界，并对旅游社会文化影响研究进展及其相关理论进行了阐述。

第一节 旅游社会文化影响的内涵

一、社会和文化内涵

在社会学中，社会指的是由有一定联系、相互依存的人们组成的超乎个人的、有机的整体。社区是社会的基本构成单位，对社区的研究需要我们将研究对象具体化。我们选择从社会结构的视角将研究对象具体化。社会结构是社会学中广泛应用的理论，一般是指一个国家或地区占有一定资源、机会的社会成员的组成方式及其关系格局，包含人口结构、家庭结构、社会组织结构、城乡结构、区域结构、就业结构、收入分配结构、消费结构、社会阶层结构等若干重要子结构，其中社会阶层结构是核心。社会结构最重要的组成部分是地位、角色、群体和制度。

文化属于历史的范畴，是人类在社会历史实践过程中所创造的物质财富和精神财富的总和。每一个社会都有与自己社会形态相适应的社会文化，并随着社会物质生产的发展变化而不断演变。著名历史学家钱穆将文化分为三个层次：第一，"物质的"，面对的是物世界；第二，"社会的"，面对的是人世界；第三，"精神的"，面对的是心世界。此外，还有文化三结构说，即物质文化、制度文化和精神文化。本章将采用钱穆先生的文化分层理论，将文化分成物质层、社会层和精神层，来建构社区社会文化影响的分析框架。

二、旅游社会文化影响内涵

旅游影响（tourism impact）又称为旅游效应，是指旅游活动所引发的种种利害关系，包含旅游者活动和旅游业活动所引发的影响两个方面。前者表现为对旅游主体的影响，后者表现为对旅游媒介、旅游接待地乃至社会的影响。按内容来分，旅游影响分为经济影响、环境影响和社会文化影响。旅游经济影响研究多从宏观经济的角度开展，力求阐明旅游活动对国民收入、产业结构、国际收支等的影响。旅游环境影响研究多从微观视角展开，探索旅游活动对目的地水体、植被等环境和生态因素产生的影响。旅游社会文化影响属于旅游社会学范畴，按研究尺度的大小有宏观和微观之分。宏观层面的旅游社会文化影响研究主要探讨旅游对大中型社会的社会结构、社会关系和文化结构等的影响，如旅游对社会分工、国际关系、文化传承、公共教育等方面的影响。微观层面的旅游社会文化影响研究主要探讨旅游对小型社会的社会结构、社会角色、社会地位、人际关系，以及社会习俗、文化变迁等方面的影响，一般以社区为研究单位。

Fox（1997）认为，旅游社会文化影响是旅游改变价值系统、个人行为、家庭结构和关系、集体生活方式、安全水平、道德行为、创造性表现、传统礼仪和社区组织的方式。也有学者将旅游社会文化影响简要归纳为"对人的影响"，即社区居民与旅游者的直接和间接联系所产生的效应。我国学者刘赵平认为，旅游社会文化影响是指旅游活动对目的地社会文化的影响，即旅游活动对目的地社会的价值观和意义体系（如语言、服饰、宗教等），以及社会结构和社会关系（如家庭结构、性别角色、社会结构等）所产生的影响。这一定义在我国被广泛接受。

对于是否进一步区分旅游社会文化影响中的社会和文化现象，学者持不同见解。Mathieson 和 Wall（1982）认为，社会和文化现象之间没有清晰的区别，但在研究分类和组织内容时，社会文化二分法是有用的。社会影响包含旅游示范效应、女性角色、人口结构、体制结构和成员变化、道德行为、赌博、宗教、语言、健康等方面的内容。文化影响包括文化转变、跨文化交流和文化营销、文化商品化、文化真实性、文化的非物质形式等。为便于组织研究内容，本章采用社会文化二分法来进行区分，并由此构建旅游目的地社区社会文化系统来探索旅游活动的影响。

第二节 旅游目的地社区及其社会文化系统

一、社区、旅游社区和社区旅游

（一）社区

一般认为，社区是由一定数量居民组成的，具有内在互动关系与文化维系力的地域生活共同体。地域、人口、组织结构和文化是社区构成的基本要素。徐永祥等认为，社区包括三层含义：第一，居住在社区内的居民是社区人口的主体，也是社区得以保持相对稳定的人力资源；第二，社区内的居民存在"内在互动关系"，必然在居住环境、卫生、治安、社区参与等问题上存在一系列的互动行为；第三，社区存在"文化维系力"，即说明社区居民之间因相同的利益而对社区具有认同感和归属感。作为自然和社会的实体，社区人口的认同感是社区的一个基本要素。它既是社区内部同一性的反映，又是体现社区之间差异性的标志。社区形象是社区之间差异性的集中体现，是产生旅游吸引的原动力。

（二）旅游社区

当目的地旅游开发以社区为依托时，会形成区域性的旅游与接待区，其功能和特征接近"聚居在一定区域范围内的人们所组成的社会生活共同体"，我们称之为旅游社区。旅游社区也可以表述为：人们在某个特定的区域范围内旅游度假而形成的相对静态的社会生活共同体。旅游社区一般是旅游专用设施、旅游基础设施、旅游吸引物、旅游企业和游客相对集中的区域。

（三）社区旅游

学者唐铁顺认为，社区旅游是从社区角度考虑旅游建设，以社区互动理论来指导旅游总体规划和布局，通过优化旅游社区的结构提高旅游流效率，谋求旅游业及目的地经济、社会和环境效应的协调统一和最优化。学者吴必虎指出，作为一种替代型旅游产品，社区旅游体现了一种先进的开发思想，与传统旅游、生态旅游相比，社区旅游的对象不仅包括景观和环境，还包括社区本身。在开发原则上社区旅游强调从社区互动、社区进化和社区结构优化的角度指导开发行动。在居民关系方面，当地居民成为旅游开发的重要力量。

二、社区发展与旅游发展

社区发展是通过一系列有计划的引导和努力，启动社区力量，促使社区进步和居民参与自治的一种途径，是居民、政府和有关的社会组织整合社区资源、发现社区问题、改善社区环境、提高社区生活质量的过程。有学者认为，社区旅游是塑造居民社区归属感和共同体意识、加强社区参与、培育互助与自治精神的过程，是增强社区成员凝聚力、确立新型和谐人际关系的过程，也是推动社区全面进步的过程。

社区发展作为社会工作的一部分在西方历史悠久。从15~16世纪的社区救助、17~18世纪的社区组织到19~20世纪的社区发展运动，社区发展已经历了上百年的时间。早在欧洲工业革命之后，一些工业国家为了应付当时工业发展所带来的一系列社会问题，在社区内开展了一系列社会工作，尤其对原有的社会福利制度和社会救济制度进行了较大的改革，越来越多地注重调动社区居民自身的积极性，增进社区居民参与社会工作的主动精神。1915年美国社会学家弗兰克·法林顿在他名为《社区发展：将小城镇建成更加适宜生活和经营的地方》的著作中，首先提出了社区发展这一概念。1928年美国社会学家斯坦纳在其著作《美国社区工作》中专门设置了"社会变迁和社区发展"一章，对社区发展的内涵进行了论述。1957年联合国开始研究将社区发展计划运用到发达国家，试图通过社区发展来解决发达国家工业化与城市化所带来的一系列社会经济问题，得到了一些发达国家和地区政府部门的重视。此后，联合国还在世界各地举行了多次研讨会，探讨社区发展理论与方法，先后发表了《社区发展与有关业务》《社区发展与国家发展》《都市地区中的社区发展与社会福利》等报告。从此，社区发展作为一个重要的理论概念在全球得以迅速推广和施行，并逐渐应用于农村社区建设。

社区发展的主要目标涉及社区人口、社区生态环境、社区生活质量、社区自治与社区参与、社区社会保障、社区社会服务、社区文化建设和社区公共安全等八个方面。文军、李明华等对社区发展特征进行了探讨，认为其主要表现为主体性、目标性、动态性、建设性、基础性和关联性。主体性是指社区发展的主体是社区的全体成员，社区的发展强调居民的共同参与，以及在此基础上的居民自助、互助和自治。目标性是指增加居民对社区事务的参与，改善社区生活质量，促进社区的整体进步，增强共同意识和归属感。动态性是指社区发展时必须把社区放在一个运动和变化之中加以考察和研究。建设性是指社区发展最终是靠社区建设来实现的，是通过社区的全面建设促进社区的发展的。基础性是指社区发展是社会的基层社区发生的自下而上的社会过程。关联性是指社区发展是国家建设事业的一部分。影响社区发展的主要因素有：社区的人地生态环境、社区的生计方式、社区的文化特征、社区人口、社区的传统组织结构和社区的区域关系等。

综合来看，社区发展是一个综合的概念，涉及社区在政治、经济、文化和环境等各方面的综合提升。在目的地社区旅游发展过程中，在实现社区社会、经济和文化及环境效益的基础上，应更加关注社区和社区人的发展。在以人民为中心的发展理念指导下，应体现以人为本的原则，社区旅游才会有可能实现可持续发展。

三、旅游目的地社区及其利益相关者

（一）利益相关者

利益相关者（stakeholder）的英文原始含义是股票持有者，其思想起源于19世纪。Freeman是应用利益主体理论的先行者。他在《战略管理：利益相关者方法》一书中提出，"（一个组织的）利益相关者=任何能够影响公司目标实现，或者受公司目标实现影响的团体或个人"。在西方国家，利益主体理论在旅游规划方面的应用是随着旅游可持续发展思想的引入而日渐受到广泛关注的，通常被认为是通往旅游可持续发展的一条有效途径。

利益相关者分析是通过确定一个系统中的主要角色或相关方，评价他们在系统中的相应经济利益或兴趣，以获得对系统的了解的方法和过程。其方法是：第一，明确要分析的内容和目的；第二，明确相关方（主要相关方—直接受益和次要相关方—间接受益方）；第三，确认各相关方在发展中的相应利益和作用；第四，明确各相关方互动的方式和背景（不同相关方的权利关系、社会文化关系、历史背景等）。一般来说，相关方直接的矛盾起源于各种形式的竞争性利益关系。将该理论具体用于社区旅游发展分析时，旅游业的利益相关者包括政府、旅行商和投资商、旅游者、本地居民和旅游规划者等。

（二）社区旅游发展的利益相关者

根据利益相关者理论结合系统动力学方法，在社区发展分析中，发展主体为社区居民，开发商（投资商）、旅行商、地方政府及旅游主管部门、旅游者构成旅游社区的主要利益相关方。社区居民作为发展主体的角色最为复杂，扮演着重要角色。其他间接相关的群体还包括，其他社区居民、旅游规划者、旅游咨询服务提供者等，这些群体通过上述五种群体发生间接的利益关系。

1. 社区居民

社区居民是社区旅游发展中最关键的利益主体，有四种身份，即主人、旅游资源、人力资源和旅游产品。作为主人，社区居民是社区旅游发展的最终受益人，在旅游发展中他们拥有对社区资源的使用权和优先受益权。根据《中华人民共和国土地管理法》等，社区居民对社区土地及其自然、人文景观享有限制性所有权。社区内的地域、文化、环境是当地社区居民世世代代开发、建设和发展的结果。他们理应享有权利和义务参与当地旅游资源开发和保护，也享有参与旅游发展决策和获得收益的权利。社区是具有某种互动关系的共同文化维系力的人类生活群体及其活动区域的系统综合体，良好的社区环境是社区居民的活动相互促进和制约形成的结果。在旅游开发过程中，一方面需要通过各种措施，处理好社区居民之间的关系，维护社区居民权益，避免因旅游开发只给少数人带来利益的消极影响；另一方面也需要防控社区居民"主人"意识太强，过于强调对资源占有的权利，限制了资源开发的形式及过度追求资源的经济利益，使旅游服务产品质量降低的短视行为。

社区居民作为文化载体是有强吸引力的旅游资源。旅游者从景区走向美好生活之际，事实上是游客的消费需求提升至文化体验之时。人是文化的载体，旅游者要见人、见物、见生活，首先要关注的就是社区居民。社区居民是社区民俗文化的载体，其言行、装束、习俗、信仰等都承载着深厚的民俗文化，对旅游者有很强的吸引力。其资源价值可考虑纳入旅游资源价值体系成为一种有价资本。值得警惕的是，作为一种旅游资源，由于外来文化的同化和投其所好的短期逐利思想影响，社区文化资源的"本地性"特色在很多社区正在逐步消失。

社区居民是社区旅游发展过程中的重要人力资源。作为一种真实而"活态"的地方文化和主要的旅游服务提供者，社区居民是社区发展旅游过程中重要的人力资源。他们可从事民俗歌舞表演、民俗文化展示，为游客提供餐饮、住宿及旅游商品加工等服务，是社区旅游发展不可或缺的组成部分。社区居民作为地方文化的载体，其服饰、外在装饰，甚至生活习俗，对游客而言都是重要的旅游吸引物。因此社区居民及其生活又是旅游产品的重要组成。

2. 开发商（投资商）

由于社区发展旅游在责权利关系上的复杂性，开发商（投资商）往往是当地或者国资背景企业。开发商（投资商）一般更关注为旅游者提供的服务和产品，包括吃、住、行、游、购、娱等各大类旅游产品和服务。开发商（投资商）行为以营利为目的，社区环境改造、氛围营造、人力资源培训等带有很强的外部性的领域，往往会被忽略。开发商（投资商）也往往会忽略社区居民的利益。社区居民是社区旅游发展中不可或缺的一部分，与旅游发展有不可切割的纵横联系和利益关系，在接入时开发商（投资商）需要有充分考量。

3. 地方政府及旅游主管部门

一般而言，地方政府及旅游主管部门在旅游发展中主要发挥统筹规划、行业监管、综合执法、形象推广等职能。在一些地区"政府主导"的旅游开发战略中，地方政府常通过国有企业参与或主导项目开发的角色出现。同时，地方政府在目的地旅游开发过程中，可以通过改善营商环境、完善交通和通信等基础设施、配套产业政策等方式推动旅游发展。

4. 旅游者

旅游者也称为游客，是社区旅游服务和产品的最终消费者，是旅游经营主要利润的来源，也是需求导向旅游产品和服务开发的引导者，可分为潜在游客和现实游客两个部分。旅游者是旅游发展的重要环节，已有的市场研究表明，在大众旅游时代，好的口碑是最好的服务营销方式。在旅游者消费需求整体走向品质化、多元化、个性化、网络化的当下，掌握旅游者需求和决策机制，以提升目的地社区的旅游服务内容和服务质量是社区旅游发展的根本。

5. 旅行商

目前市场中自由行旅游者占比九成有余，但绝大部分游客活动或多或少有旅行社的参与。包括外地组团社和本地旅行社在内，旅行社及其关联企业仍然是游客旅行服务的重要供给者。面对需求不断升级、偏好加速变化且社交需求不断加强的旅游市场，传统机制和思维惯性下形成的代理、零售链条及服务供应链体系较长，无法形成快速且有效的市场响应，新型在线旅游企业（online travel agent，OTA）则因缺乏有品质的导游导览服务和有温度的社交性场景也显出不足。在散客化情景下，如何依托科技和商业模式创新形成新型有品质、有温度的旅行服务是新时期旅行服务企业需要回答的问题。

四、目的地社区社会文化系统

一般认为，旅游目的地的社会文化是旅游目的地群众创造的，具有地域、民族或群体特征，是对社会群体施加广泛影响的各种文化现象和文化活动的总称。社会文化随着社会发展通过自身的不断扬弃来获得发展。旅游目的地的社会文化会随着旅游业的发展而发生变化。

按照系统论创始人贝塔朗菲（Bertalanffy）的定义："系统是相互联系相互作用的诸元素的综合体。"系统是相互联系的要素集合。要素和要素间的联系构成系统的结构，系统结构决定其功能。功能是系统对环境的作用及自身生长进化的能力，功能决定系统自身的演化。从系统的思想出发来分析目的地社会文化系统，从系统环境、系统要素、系统结构和系统功能四个方面来考虑，则可将旅游地社会文化系统分为社会环境、社会结构、文化结构、人及社会发展、文化发展五个大方面。社会环境指人类在自然环境基础上，通过长期有意识的社会活动，加工、改造自然物质，创造出新的环境。广义的社会环境指我们所处的社会、政治、经济、法制、科技、文化等宏观环境因素。狭义仅指人类生活的直接环境，如家庭、劳动组织、学习条件和其他集体性社团等。本书所指为广义的社会环境。

旅游活动作用于目的地社区社会文化系统，与系统中的社会文化元素相互作用，形成了目的地特有的系统元素：社区实体、社区居民、旅游产业体系，以及其他政治、经济和文化关系。系统中的各种系统要素之间相互作用，形成相对稳定的系统结构，从而使目的地系统社会文化系统具备一定的功能。本书采用系统分析法将目的地社区视为一个开放的系统，分析系统内的主要元素包括社区实体、社区居民、旅游产业体系（含游客）、管理者等。各要素之间存在相互作用。目的地社会文化系统环境是存在于系统外且与系统发生作用的各种因素的总称，也是系统提供输入或接受其输出的各种因素的集合。如图2-1所示。

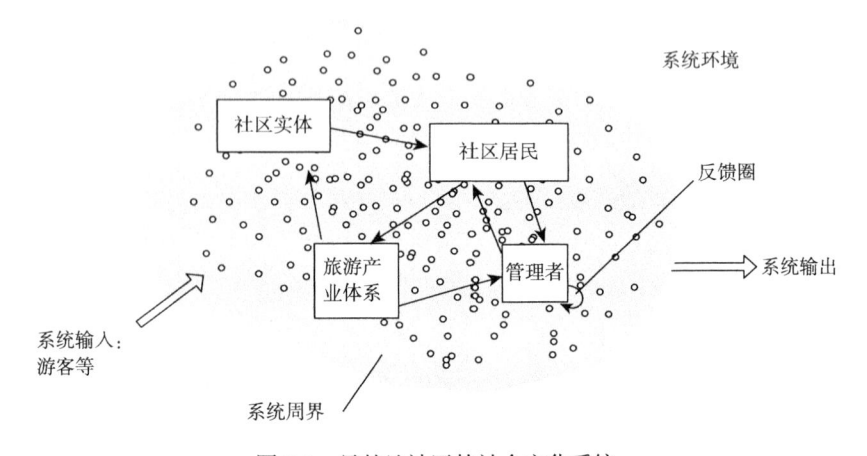

图2-1 目的地社区的社会文化系统

第三节 研究的理论轨迹与文献综述

20世纪30年代西方学者开始涉猎旅游社会文化影响研究，我国学者的相关研究与改革开放后旅游业发展的时间相对应，起步于20世纪80年代。1996年社会学家李培林提出"社会结构转型"理论之后，社会转型成为分析我国现代化进程中的社会风险的有力工具和主导范式，旅游社会文化影响研究在理论视野上更加宽阔。旅游活动对目的地社会的影响也被解析为社会转型的一种表现。由于旅游活动负面影响潜藏社会风险并影响目的地社会的可持续发展，旅游社会文化影响逐步得到社会各界重视。根据诸多旅游社会学者的总结，已有成果主要集中在三个方面：一是旅游者的动机、态度和角色研究；二是作为东道主的当地居民、从事服务供应的劳动力及地方旅游机构；三是旅游者—东道主的相互关系，主要是研究宾主间相互接触的性质及结构。就其理论进展而言，旅游社会文化影响的量化测量一直是个难题，对旅游社会文化影响进行测量、评估及预警并以提升目的地治理能力更是一个全新的领域。

一、发展历程：兴于欧美，深耕于中国

社会学视野中的"旅游"是一种社会现象。作为一种经济现象的旅游活动，早在19世纪末已被学者关注。1899年，意大利国家统计局局长博迪奥（Bodio）发表了一篇名为《关于在意大利的外国旅游者的流动及其花费》的文章，拉开了现代旅游经济研究的序幕。把旅游作为一种社会文化现象进行研究始于20世纪30年代。一般认为，德国社会学家冯·维泽（von Wiese）从社会角度对旅游事件的影响研究是旅游社会学研究的开始。

20世纪60年代，旅游社会文化影响研究在欧洲和北美逐步受到关注。沃尔和马西森（2007）在其《旅游：变化、影响与机遇》一书中对国际旅游社会文化影响研究进展有过详细论述。我国学者宗晓莲归纳了西方旅游社会文化影响的研究进程，将其分为20世纪70年代的定性描述、片面评价阶段，20世纪80年代的以社会调查方法为主的细分、量化研究阶段，20世纪90年代至今的跨学科、多方法相结合的综合研究阶段。从中可见，学者最初的研究多在探讨旅游的正面影响，进入20世纪70年代后，旅游活动的负面影响开始受到关注。Smith（1989）、Cohen（1979）、Murphy（1981）等是该领域较早的研究者。Smith的《主人和客人：旅游人类学》是其中

最有影响力的研究成果。Wall（1996）在《旅游影响的反思》中对旅游影响研究方法和理论进行了反思，认为应该把研究视角从"影响"转移到"变化"，研究者应同时具有主位和客位、内部和外部的视角才能更客观地研究问题。

20世纪以来，国外学者开始从居民对旅游社会文化影响的感知、旅游对旅游者的社会文化影响等多个角度进行研究。McCool 和 Martin（1994）、Mbaiwa（2011）等对此均有研究。近些年，国外学者对旅游社会文化影响研究范围更加开阔，对邮轮旅游等高端业态、背包旅游等专项市场，以及享乐主义旅游和文化资本介入目的地旅游社会发展等影响均有涉足，对目的地社会文化研究逐步融入主人和客人的双重视角。从研究走势看，旅游社会文化影响研究的宏观化、中国化趋势已初现端倪。近年来，联合国世界旅游组织重新确认文化旅游是国际旅游消费的主要因素（占旅游人数的39%以上），与旅游相关的文化研究迅速发展，特别是文化消费、文化动机、文物保护、文化旅游经济、旅游人类学，以及与创意经济的关系等领域受广泛关注，跨现代文化的发展和新技术影响将是未来的发展趋势。

我国的旅游社会文化影响研究始于20世纪80年代，经历了从定性描述到量化研究的发展过程。居民感知的视角在旅游社会文化影响研究中最为常用，超过四成的文献从这一视角展开研究。我国学者徐崇云和顾铮最早探索了旅游社会文化影响及内涵，肯定了旅游开发的积极作用，指出了旅游对目的地社会文化的一些消极影响。刘振礼、戴凡、保继刚、刘赵平、张文等学者也较早介入该领域研究。孙九霞、宗晓莲、唐雪琼、徐红罡、卢松、潘秋玲等学者在该领域耕耘的时间较长，成果丰富。王忠福、唐晓云、谢婷和刘旺等也有较多社区旅游研究成果。近年来，保继刚、孙九霞等学者开始转向对不同旅游地产业要素和文化生产空间的研究，围绕游客旅游活动对目的地社会影响、专项旅游对目的地的影响研究，形成了大量成果。中国学者已经成为全球旅游社会文化影响研究领域的中坚力量。

二、研究方法：定性为主，量化为辅

旅游社会文化影响前期多以定性描述为主，近年来量化研究的趋势有逐步加强的迹象。定性描述的方法主要有田野调查法、深度访谈法、比较研究法、文献分析法等，人类学学者通常运用田野调查法。其中，文献调查法和统计分析法运用最为普遍。学者刘振礼最先采用抽样调查法以河北野三坡为实证对接待地居民及游客进行了问卷调查，并进行了统计分析。之后，越来越多的评价模型被应用于影响评估，结构方程方法也被运用于其中。进入

21世纪后,问卷调查法更成为旅游社会文化影响领域研究中最基本的工具。总体上,国内学者在研究方法上对国外的方法的引介多于创新。

三、研究内容:关注游客与东道主的相互关系

通常旅游社会文化影响研究可分为三个不同领域,即旅游者、东道主和旅游者—东道主的相互关系。综合宗晓莲、谢婷、钟林生、储成芳、孙九霞、包富华等的研究分类,可将旅游社会文化影响研究分成五个方面的内容。第一,旅游社会文化影响的研究框架探讨及成果引介。其研究重点是对旅游社会文化影响研究框架进行探讨,介绍国外旅游社会学理论、研究进展、主要流派和发展趋势。在这一领域,肖洪根、宗晓莲等较为活跃。彭兆荣、张晓萍、龚锐等相继出版了旅游人类学相关专著,较为系统地梳理了西方人类学理论。第二,旅游社会文化影响测量量表研究。从全球看,在旅游影响评估尺度研究领域Lankford和Howard(1994)提出了旅游影响的态度尺度,Ap和Crompton(1998)提出了旅游影响尺度模型,其成果影响深远,国内研究多在其基础上进行。王忠福在综合以上研究成果的基础上,开发了城市居民的旅游社会文化影响感知问卷量表。截至2016年国内已有超过40份相关量表。第三,旅游对目的地社会生活的影响研究。目的地居民的社区旅游发展参与、妇女地位、家庭结构、就业问题、贫富差距等的影响,以及旅游开发中的移民问题等是旅游对目的地社会生活影响研究较多的领域。左冰、保继刚等研究了社区参与的个人增权和制度增权等问题。女性参与旅游发展也有较多成果。第四,旅游对目的地文化的影响研究。文化变迁、文化商品化、文化真实性及传统文化的传承等问题是研究重点。国外早期的批评派视旅游者为旅游机构操控下的文化傀儡(cultural dope),国内学者的态度没有这么强烈,多是站在警示立场予以关注。第五,旅游可持续发展研究。杜江、向萍、吴晓萍、何彪、梁玉华、吕君等学者对旅游目的地可持续发展问题也进行过探讨。

四、量化趋势:旅游社会文化影响的测量研究

旅游社会化影响研究是从20世纪80年代开始的。以Lankford和Howard在1994年发表《旅游影响的态度尺度》为起点,从居民视角来审视旅游的社会文化影响逐渐成为主流。该文章提出的旅游影响的态度尺度由27个变量指标组成,包含2个因子大类的态度尺度。这项研究还发现,旅游从业者对旅游业的评价比其他群体更为积极。之后,Ap和Crompton发表了《旅游影响尺度模型》一文,旅游影响尺度模型是由35个指标组成

的衡量旅游影响的评估体系，提出了包含经济、社会文化、环境等在内的旅游影响尺度模型。这两篇论文在旅游社会文化领域影响重大。

国内的旅游社会文化影响量化研究主要是在借鉴的基础上拓展。学者张文、唐飞较早介绍了 Crompton 等的旅游影响评估尺度的研究方法，对该尺度的适用性进行了评述。多数研究者的方法大同小异，一般都要经历设计调查问卷、问卷发放与回收、运用 SPSS（statistical product and service solutions，统计产品与服务解决方案）等统计软件检测调查数据的信度与效度，然后进行因素分析、聚类分析、差异分析等，最后得出结论等过程。刘振礼是国内第一位采用抽样调查法，并以河北野三坡为实证对象，对社区居民及游客同时进行问卷调查和统计分析的学者。从研究内容看，我国学者更加关注游客对目的地社会的影响，旅游经济影响研究较少。近年来，孙九霞、黄秀波等学者加强了这方面的研究。

综合来看，从不同发展阶段目的地、不同群体对旅游社会文化影响的态度感知出发和从旅游者及旅游经营活动视角展开的研究，是当前旅游社会文化影响研究的两条主线。旅游发展程度、与游客交往程度、被访者人口社会特征、社区认同、户外休闲设施使用状况、社区经济状况、自我感觉影响旅游决定能力、政治认同、旅游公共关系宣传等往往更容易成为受关注的问题。

五、综合述评：向目的地治理能力提升研究迈进

旅游活动对目的地社会文化影响具有两重性，这一事实正为更多的人所认识。在大众旅游时代，旅游活动广泛深入到城市和乡村生活空间，社区文化活动增加，民众文明意识增强，家庭和社区社会结构更加现代化，人们对各种不同的文明更加包容。随着旅游经营活动的深入，目的地社会贫富悬殊现象会不断扩大，家庭和邻里矛盾会因为旅游经营中的各种竞争而增加，传统文化不断成为贩卖的商品，负面影响日趋明显。这些都需要我们深入调查，厘清事实并区分主次矛盾，对负面影响采取有效措施以提升社区治理水平。综合来看，更多有价值和值得探索的领域还有待深入研究。

（1）旅游经营活动对目的地社会影响的研究。已有的研究重点关注旅游者、东道主及旅游者—东道主的关系，主要是以人为核心，而非以物和物质生产为中心，对当地和外来企业的旅游经济活动对目的地社会文化影响的关注少。对当前阶段的绝大多数目的地社区而言，发展旅游业的主要出发点仍是经济效益。我们讨论旅游对目的地社会文化的影响不能脱离经济活动对社区及其居民的影响。

（2）基于定量基础的社区治理能力提升研究。尽管对不同发展阶段和不同空间分布的目的地社区尚未形成区别适用的旅游社会文化影响测量量表及评价体系，但学者对影响测量的框架和方法有基本共识。在建立测量框架和量表基础上，对目的地社区旅游影响进行定期监测，并借此形成工作机制和治理措施，改善旅游目的地社区的治理结构和治理能力，将是更有意义和价值的研究。有社会价值的知识生产，应该关注知识的社会效能。为此，结合影响测量评估基础上的影响调控和治理是一个值得深入的研究方向。

（3）从多学科的研究视角和理论视野探索旅游社会文化影响。旅游活动本身是一种相对复杂的经济文化现象，单独从旅游、社会等角度研究都较难解释这一社会现象。没有政治、经济、文化、生态等多尺度、多视角、多领域的比较研究，结论的客观性和科学性将大打折扣。从已有文献的统计结果看，只有不到 5%的论文对不同旅游地社会文化影响进行了对比研究及横向截面的比较研究。无论是学科视野的多元性，还是对历史逻辑梳理的历时性研究，都还有待深入。

此外，当前的研究区域集中于乡村，典型旅游城镇的旅游业发展同样给当地社会文化造成了巨大影响，有必要提升研究的空间尺度，为小城镇及典型旅游城镇的旅游业可持续发展提供理论支持。

第四节 与研究相关的理论阐述

旅游社会文化影响研究是一个多学科交叉的领域，涉及文化人类学、社会学、经济学、管理学、旅游学等多个学科，文化变迁论、社会风险理论、社会风险预警理论、利益相关者理论和旅游可持续发展理论都是其相关理论。

一、社会风险预警理论

学者陈秋玲指出，社会风险预警主要是围绕社会风险这一特定社会现象展开的一整套社会监测、社会评价、社会预测和政策选择的理论与方法体系。预警方法是社会风险预警的核心，主要有以下几种预警方法：景气指数法、自回归条件异方差（auto regressive conditional heteroscedasticity，ARCH）模型预警方法、概率分类法、判别分析等。社会风险预警分为宏观预警和微观预警两个层面，宏观预警是一门研究社会宏观系统发展过程及其趋势变动的科学。它是综合运用理论分析方法、经验分析方法、梳理统计方法等对社会整体这一特定现象进行一整套监测、评价和预警的理论和方法体系。

刘伟娜、吴群等从类型学角度出发，将社会风险预警分为以下几种：①从时间上，分为短期预警、中期预警与长期预警。短期预警属于应急预警范畴，一般时间跨度较短，中期、长期预警则相应时间跨度较长。②从范围上，可分为宏观预警、中观预警和微观预警，主要从预警对象的空间尺度大小来划分，三者之间存在差别。③从学科性质上，可分为社会预警、经济预警、军事预警、生态预警、工程地质预警、气候气象的预测预报等。经济预警主要指经济领域内的预警，如产业预警、金融预警、对外贸易预警、市场预警等。从广泛意义上讲，其他预警亦属于社会预警范畴。④从预警管理对象的过程看，一般分为危机成因机制、危机早期预报与预控原理、预警管理手段等。危机成因机制包括危机起源、发展方式、后果程度的理论模型和预警分析模型等。危机早期预报与预控原理包括危机预警的监测系统，识别指标，组织运作及预控方式的基本原理、模式与方法，提出了危机预测、危机避防、危机处理等管理程序。预警管理手段包括宏观、中观、微观职能管理的预警技术方法及预警指标体系等。预警理论体系的建立为旅游社会文化影响风险预警体系研究提供了理论指南，是本书的重要理论参照。

二、利益相关者理论

"利益相关者"一词最早被提出可以追溯到1984年Freeman出版的《战略管理：利益相关者方法》一书。Freeman在书中提出，"利益相关者=任何能够影响公司目标的实现，或者受公司目标实现影响的团体或个人"。该书还明确提出利益相关者管理理论是指企业的经营管理者为综合平衡各个利益相关者的利益要求而进行的管理活动。与传统的股东至上主义相比较，该理论认为任何一个公司的发展都离不开各利益相关者的投入或参与，企业追求的是利益相关者的整体利益，而不仅仅是某些主体的利益。此外，Clarkson（1995）认为，"利益相关者在企业中投入了一些实物资本、人力资本、财务资本或一些有价值的东西，并由此而承担了某些形式的风险；或者说，他们因企业活动而承受风险"，引入了专用性投资的概念，使利益相关者的定义更加具体。国内学者综合上述几种观点，认为利益相关者是指那些在企业的生产活动中进行了一定的专用性投资，并承担了一定风险的个体和群体，其活动能够影响或者改变企业的目标，或者受到企业实现其目标过程的影响。这一定义既强调了投资的专用性，又将企业与利益相关的相互影响包括进来，具有很好的代表性。社区旅游是一个多元利益主体共存的经济社会系统，利益相关者之间的博弈对社区社会文化变迁影响深远，利益相关者理论为旅游社会文化影响的内在机制研究提供了理论支持。

第三章 旅游社会文化影响的量化表达及量表设计

旅游社会文化影响的量化测量一直是旅游影响研究中的难题。在总结国内外各种测量量表的基础上，以 Lankford、Crompton 等提出的旅游影响测量量表为理论参照，结合国内旅游社区的实际情况，提出了基于系统论的旅游社会文化影响测量量表。同时将 Fishbein（1963）的多属性态度模型进行改进，重新定义居民对旅游发展下的社区社会文化变化的综合感知为"综合感知=变化程度×接受程度"，从而使量表能更加准确地反映居民态度，为旅游社会文化影响感知综合评价打好基础。

第一节 旅游社会文化影响的量化表达

量表是一种测量工具，是将主观的甚至抽象的概念定量化测量的程序，对事物的特性变量用不同的规则分配数字，又被称为测量尺度。利克特量表（Likert scale）是社会科学领域最常用的等距量表，常用于测量观念、态度或意见。量表也是描述性研究的重要工具。

一、国外研究的主要量表

目前，国外的旅游影响量表以综合性量表为主，覆盖旅游对目的地经济、社会、环境、文化等方面的影响，从内容上看，主要包含积极影响和消极影响两部分。其中，最具代表性的两个量表分别是 Lankford 和 Howard 的旅游影响的态度尺度与 Ap 和 Crompton 的旅游影响尺度模型。其他学者如 Davis 等（1988）、Ryan 和 Montgomery（1994）、Pappas（2008）、Kreag（1994）等也在相关研究中提出了旅游影响量表，具体内容详见附录1。由于目的地社区人口结构、风俗习惯、社会结构、产业特征等差异较大，微观尺度的旅游影响在各个社区表现不尽相同，难有普适性的量表可用。总体上，各个量表在旅游对促进当地经济、带来就业、提升居民自豪感、促进文化认同等方面的积极影响有高度一致的认同，在负面影响方面则表现出较多差异。已有量表对负面影响的表述多为增加环境压力、增加家庭矛盾、犯罪率升高,以及环境污染增加等。

二、国内研究的主要量表

国内学者的旅游社会文化影响量表设计多来源于对具体目的地社区的观察。附录2汇总了75个跨度为过去20多年的国内旅游影响及量表相关研究,可以从中探析相关成果。这些研究向我们展示了三条线索:一是时间线索。我国旅游影响的量化研究在2000年左右起步,紧跟国际前沿步伐,但在量化测量领域多为跟随研究。二是空间线索。绝大多数的研究集中在农村社区的微观尺度,有少量涉及城市社区。地理空间上的差异和文化的差异性带来了量表内容和结构之间的重要差别。三是事件线索。对旅游社会文化影响的探索不再局限在古村落、民族社区,也延伸到对会议节事、宗教场所及活动、世界文化遗产地等不同领域,拓展了研究的范畴。三条线索间时空交错,呈现出明显的发散趋势。此外,我国学者关于旅游社会文化影响研究还呈现一些个性化特点。

(1)量表有预设的价值倾向。量表在设计的过程中都存在价值选择问题,即事先对旅游社会文化影响做了正面和负面的价值判断。例如,假定"促进就业""提高知名度"等作为正面因素,"犯罪率""文化退化"等作为负面因素。

(2)量表覆盖社会文化多方面但缺乏顶层设计。量表测量指标文化层面包括了文化的物质层、社会层、精神层,社会层面包含了社区社会环境及其变迁、社会结构等内容。量表设计多是对局部对象的考量,缺乏系统研究和对量表整体框架的思考,各指标项分类的逻辑也不够严密。

(3)有将结果作为影响的指标。部分指标将旅游对社会文化的影响结果作为影响的指标,造成"原因"和"结果"在指标项中共存,指标项之间的相关关系复杂,影响测量结果的参考应用价值。例如,"游客不尊重地方民俗"等。

第二节 专用量表设计及准备

Lankford和Howard、Ap和Crompton分别发表论文《旅游影响的态度尺度》和《旅游影响尺度模型》,提出旅游影响的测量量表,并给出了具体的量表制备方式,为后人的研究提供了理论遵循。参考其量表设计路径,结合前期成果及研究经验，将旅游社会文化影响量表的设计进行了总结提炼（图3-1）。

确立量表设计目标
- 目标1:确定旅游社会文化变化的测量量表
- 目标2:测量目的地居民对旅游社会文化变化的感知和接受程度
- 目标3:建立旅游社会文化变化监测体系
- 目标4:调整旅游社会文化变化的不利因素

建立量表指标库
- 途径1:文献研究汇总遴选指标
- 途径2:目的地实地访谈和目的地网络评价
- 途径3:建立社会文化系统的指标分类
- 共汇总82篇国内外量表相关文献

专家小组讨论遴选产生初步量表
- 原则1:指标能清晰反映旅游社会文化影响
- 原则2:指标属于研究确定的旅游社会文化影响的范畴
- 原则3:认为指标能反映旅游社会文化影响的专家比例超过50%
- 最终遴选了50个指标

确定指标的问卷表述方式
- 步骤1:对提问方式进行分析
- 步骤2:确定指标的测量模型
- 步骤3:确定测量的尺度量表
- 选择直述概念来设计问卷

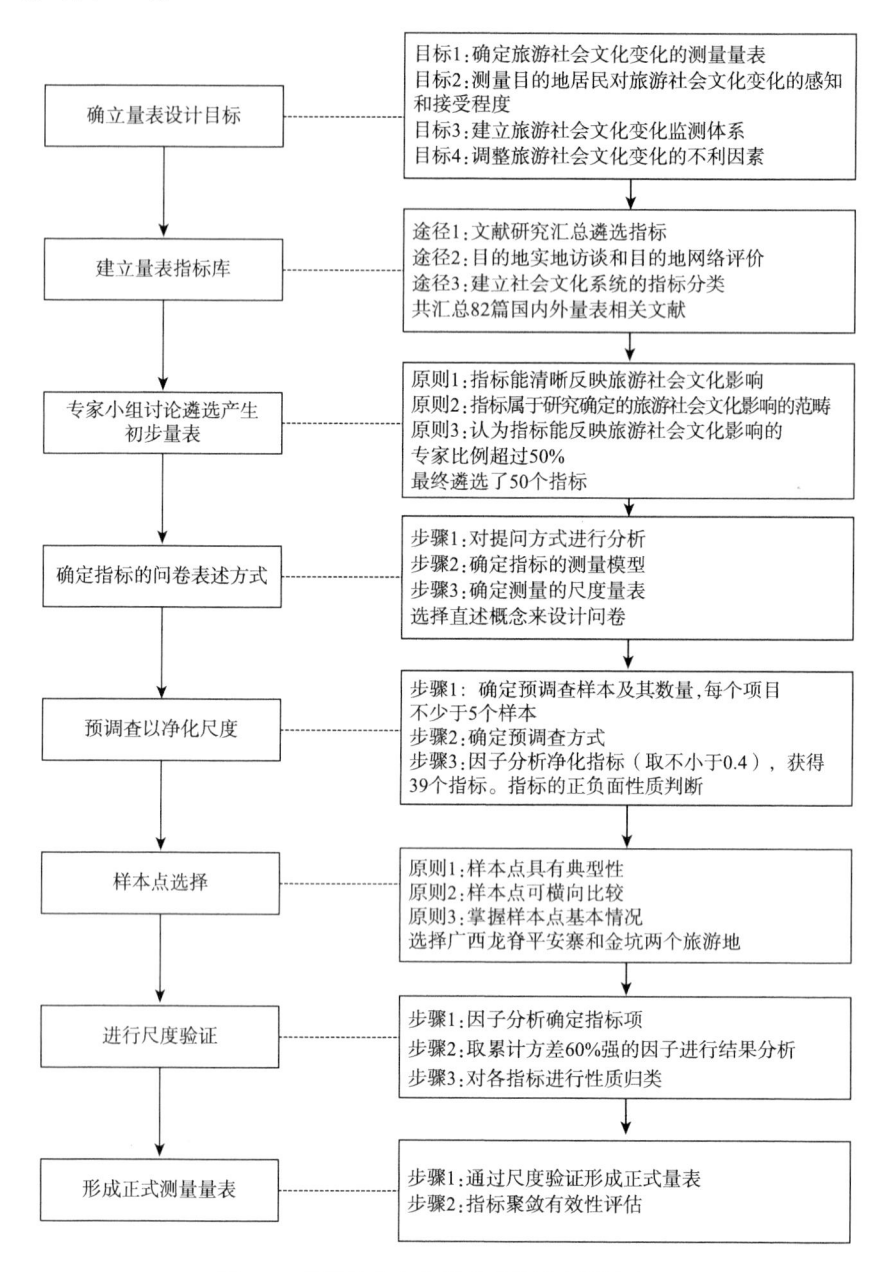

预调查以净化尺度
- 步骤1:确定预调查样本及其数量,每个项目不少于5个样本
- 步骤2:确定预调查方式
- 步骤3:因子分析净化指标(取不小于0.4),获得39个指标。指标的正负面性质判断

样本点选择
- 原则1:样本点具有典型性
- 原则2:样本点可横向比较
- 原则3:掌握样本点基本情况
- 选择广西龙脊平安寨和金坑两个旅游地

进行尺度验证
- 步骤1:因子分析确定指标项
- 步骤2:取累计方差60%强的因子进行结果分析
- 步骤3:对各指标进行性质归类

形成正式测量量表
- 步骤1:通过尺度验证形成正式量表
- 步骤2:指标聚敛有效性评估

图3-1 旅游社会文化影响测量量表设计流程

一、确立量表设计目标

建立一种评估体系来监测旅游活动对目的地社会文化的影响及目的地居民对变化的接受程度，有利于了解和掌握居民对旅游发展的态度，通过主动将旅游发展与居民满意度水平结合起来考量旅游发展效果，以实现目的地核心利益相关者的利益共赢和旅游目的地的持续稳定发展。因此，量表设计的目的在于开发一套指标体系和测量规则，通过建模评估旅游活动对目的地社区社会文化的影响，为社区旅游发展主管部门实施有效的调控措施提供数据支持。

二、量表设计流程

（一）建立量表指标库

通过收集汇总已有量表及相关指标，结合实地调研情况和网络评价情况，建立旅游社会文化影响量表指标的遴选指标库。具体步骤包括：第一，通过文献研究建立量表的指标库，以此作为指标遴选的基础。第二，进行目的地社区实地调查，通过访谈和观察等方式获得补充指标。访谈对象包括目的地社区居民、旅游从业人员、旅游管理部门等。对访谈进行录音整理，从中归纳出新的指标项。第三，对携程、驴妈妈、去哪儿、马蜂窝等网站的游客网络评价中提及的旅游地文化变化事项，进行汇总和遴选。第四，对指标进行归类整理。归并相似项目，统一层级，提炼语言，剔除非社会文化范围指标。

（二）专家小组讨论遴选产生初步量表

召开专家小组会，按照如下要求对指标进行遴选：一是指标属于研究确定的旅游社会文化影响的范畴；二是指标能清晰反映旅游社会文化影响；三是认为指标能反映旅游社会文化影响的专家比例超过50%。课题组组织专家小组7人，其中高级职称4人，中级职称3人。达到或超过4位专家认为指标能清晰反映则该指标被保留，最终遴选出50个指标。

（三）确定指标的问卷表述方式

为避免量表在测量过程中产生不确定性和局限性，对测量指标项的问卷做以下工作：第一，对提问方式进行分析。确认提问能明确表达指标且受访者能够理解选项。第二，确定指标的测量模型。Crompton的量表以态度模型为基础，应用指数概念来设计问卷，即"态度=感觉×评价"。本书也采用这一方法，为使提问更接近居民的真实想法，态度部分的指标不采用"喜欢程度"，而采用"能接受的程度"，即"态度=变化程度×接受程度"。第三，确定测量的尺度量表。本书采用利克特量表进行测量，将变化程度部分分为：1=极大减少；2=减少；3=无变化；4=增加；5=极大增加。"能接受的程度"用利克特量表进行测量，梯度分为：1=很难接受；2=难接受；3=无所谓；4=能接受；5=乐意接受。

（四）预调查以净化尺度

为使调查项目减少到可管理、可控制范围，在对国内外量表总结的基础上，结合国内旅游目的地的实际情况专家组进行指标筛选，遴选了50个指标进行预调查测试。由于上述项目最终要通过因子分析来完成，因此预调查测试的样本数量必须符合做因子分析的要求。以每个项目最少5个样本计，则需要至少250个预调查样本。

预调查测试时选择了160名桂林某大学的三年级学生来做预试样本，不足部分通过"数据100"在线调查网站补全，共获得260个样本。预调查要求样本根据自己作为游客的经历或者以目的地居民的身份对50个项目进行评估。分析时，通过SPSS软件对调查数据采用正交旋转法进行因子分析，取其中的显著项（通常取0.4或者更高），并根据预试结果对专家确定范围的项目进行可靠性分析，最终确定测量的指标项。

（五）样本点选择

正式调查样本点选择在广西龙脊风景名胜区内的平安寨和金坑两个村寨的原因：一是两地均为少数民族旅游地，原住民文化与大众文化差异大，旅游开发后社区社会文化的变化相对容易观察和测量。二是两地分别代表了旅游开发成熟期和成长期两个阶段的旅游目的地，可以横向比较。三是本书作者及团队对两地进行了近10年的跟踪，对该区域有深刻了解，可做纵向比较。

（六）进行尺度验证

在实地调查之后，采用因子分析法确认旅游影响的指标项，取特征值大于或等于1（或者取0.9，以获得更综合的调查指标项）。取占整个数据方差至少60%的因子来进行指标项结果分析，对落入各因子的指标进行性质归类。

（七）形成正式测量量表

对指标项的聚敛有效性进行评估。聚敛有效性用于检查在检测同一事物时一种测量方法与其他方法在多大程度上有相关性。

第三节 初步量表形成与预试

一、基于系统论的量表基本框架

根据第二章对目的地社区社会文化系统的分析，从系统环境、系统要素、系统结构和系统功能四个方面来划分目的地社会文化系统。由此确立目的地旅游社会文化系统"四分法"的分类，即分为社会环境、社会要素、文化要素和社会文化发展。

二、确定量表指标库

根据图 3-1 的流程，量表设计要在评估和确认目标的前提下进行。研究确定量表用以专项测量目的地社区居民对旅游社会文化影响的感知和接受程度。在此基础上，对 82 篇相关文献进行梳理，将各篇文献中已有指标进行汇总，并按照"四分法"进行分类。结合网络评论及实地考察过程中的观察访谈，补充指标。然后，对汇总表进行相同项合并、细节合并、剔除非社会文化属性项、增加系统性因素等工作，形成初步量表的指标项汇总表，详见表 3-1。

表 3-1 旅游社会文化影响测量指标汇总

分类	指标
社会环境	公共设施及其利用、交通、酗酒、居民利用公共设施的机会、居民生活环境、日常生活的节奏、社会治安状况、社区卫生环境状况、城市化的水平、本地居民使用公共设施的机会减少、游客太多使人感到心烦应控制旅游业规模、当地社会治安水平下降、游客远比当地人富有、生活环境得到改善、破坏了当地传统的民族文化、传统文化资源的开发商业化和庸俗化、交通和人口过度拥挤、本地道德水准下降、改变和损害了本地优良传统文化、强买强卖现象增加、古城功能的转变（古城居住功能的替代、古城商贸服务功能改变）、旅游目的地治安状况、基础设施、社会发展政策的远见性、修缮资金投入、交通拥挤、娱乐设施拥挤、增加卫生医疗保障、物价上涨、增加噪声及环境污染、交通拥挤更严重、居民户外活动机会减少、提高居民的凝聚力和对本地的热爱、治安状况、使本地居民生活费用增加、居民的诚实度下降、希望通过上城市生活、希望有机会去外地旅游、城市化水平、经济观念加强、传统文化扭曲、居民与旅客之间沟通不畅、游客的行为或言语不尊重当地风俗习惯和禁忌、精神压力等

续表

分类	指标
文化要素	历史遗迹和古建筑、传统建筑、使用外地语言的频率、民族风俗、民族工艺品的艺术水平、宗教氛围、居民的经济意识、居民的好客程度、居民的文明礼仪、居民的法制观念、价值观和习俗的积极变化、不想要的生活方式变化、保护主人的文化认同、使当地居民的日常生活词汇增加了外语、普通话得到普遍推广（提高了语言表达能力）、本地的优良传统受到冲击、当地民族工艺品的艺术水平下降、对家乡感到自豪和依恋、消解传统文化、文化差异大、使民俗风情有所失真、使传统工艺品商品化、有利于促进文物保护、思想观念有了进步、使本地民风民俗发生改变、促进了本地居民思想观念的更新和开放、使本地居民更加珍视和保护传统的生活方式、使乡村方言改变和减少、乡村传统生活方式和民风民俗发生改变、改变和损害了乡村优良传统文化、使居民开始注重物质利益、古村落行为规范、古村落管理制度、艺术文化、信仰文化、婚育观念、审美倾向、经济观念、思想文化意识、生活方式、生计模式、生活环境、居住文化、社区发展、传统风俗、语言习惯、居民思想观念有明显进步、能听懂外来方言的本地居民增加、旅游明显改变了本地人生活方式和生活习惯、旅游业使得当地传统文化日益消失、传统古建得到保护、淡化了我们的传统生活习惯、破坏了我们宗教的神圣性、民族意识、失去了对传统文化的尊重、居民文明礼貌程度提高、居民更加殷勤好客、本地方言改变和减少、居民友善度、饮食民俗（饮食结构更趋于营养化、饮酒民俗更趋于理性化）、服饰民俗（款式与做工依旧沿袭传统风格、盛装与便装：表演功能与实用功能的分离）、居住民俗、生计模式、生活方式、婚姻习俗、思维方式、宗教信仰、赛老制度、交通习俗、语言习俗、思想意识、节庆文化的影响、新的建筑破坏了本地传统古村（镇）的整体风貌、着装服饰、观念信仰、生活习俗、讲方言的居民减少、居民的商品经济意识、对读书明理的态度、对勤俭持家的态度、热情淳朴的民风、消费观念与时俱进、旅游观念的改变、有利于学习外来文化的语言、扩展事业、对历史类活动的需求、对文化活动的需求、社区文化活动和设施的多样性、了解其他人和文化的机会、当地娱乐活动的多样性、遇到感兴趣的人的机会、居民对不同人和文化的理解、使居民被迫从事某些表演活动、民俗文化被异化、增加了对当地资源的过度开发、过多的游客不利于民居建筑保护、表演形式发生的变化、音乐内容的变化、居民对当地历史文化有了新的认识、居民更愿意继承老一辈的传统习俗、使本地饮食文化更加繁荣、使当地民族工艺品失去了真实性、文化移入
社会要素	家庭矛盾、邻里关系、村寨间关系、旅游移民、老年人的地位、妇女地位、扩大社会差别的容忍度、心理需求的满足、居民流离失所、家庭矛盾、当地人使用自然资源的权利被排除、新派系修改社会结构、自然、政治和公共关系、人际关系恶化、社会道德标准下降、离婚率升高、人与人之间的信任程度降低、社会公平及环境、加大收入差距、破坏社会道德、使当地的道德标准有所下降、居民之间的关系开始注重物质利益、扩大了年轻人的择偶范围、给女性提供更多就业机会、本地居民婚姻观念和家庭关系受到冲击、使乡村居民婚姻观念和家庭关系受到冲击、使乡村居民人际关系受到影响、重男轻女和早婚早育的现象减少了、本地居民间人际关系有恶化趋势、带来了家庭结构的变化、旅游业使得本地离婚率上升、改变了当地的社会面貌、家庭成员离开本地出去打工、打乱了居民日常生活、人际交往更加注重物质利益、妇女和年轻人的社会地位提高、提高了本地社区居民的凝聚力、本地居民的人际关系（相互信任等）受到影响、居民婚姻观念和家庭关系受到冲击、居民与旅游者之间的冲突、社会网络的变迁（古城居民迁出、外地商人迁入）、社区参与与管理水平、利益分配的公平性、本地居民间矛盾加剧、居民与游客产生分争和冲突、职业分化、更多的外来人口来到本地居住、居民贫富差距增大、权利分配、民主权利、社会风化、扩大社交圈有了更多的朋友、传统的家族观念、尊重老年人的权威、遵循传统的婚丧嫁娶习俗、本地居民之间的关系开始注重物质利益、跨国婚姻增加、家庭关系和家庭结构变化、居民的心理压力增大、旅游者做出不良行为、本地居民被迫迁移等

分类	指标
社会文化发展	形象（名声）、居民休闲机会、居民的健康状况、居民的教育水平、道德文化修养、与外界文化交流、对历史文化展览、文化优越感、加深对不同文化的理解和印象、促进文化交流、会议游客更加便利、保护原住民的文化认同、历史性和文化性的展览品增加、创造虚假民俗文化、学习和认识其他人或文化、熟识当地文化及遗产、保留或保护历史性设施的机会、接触有趣的人的机会、通过居民理解不同的人和文化、社区的生活的活力、提升当地居民的自豪感、促进会议游客、养成好的生活习惯（改掉陋习）、提高了对外交往能力、促进本地居民思想观念的更新和开放、增加了休闲娱乐场所与机会、治安等防护能力、孩子上学机会、本地居民注重文明礼貌程度、有利于当地和外界进行文化和科学技术交流、开拓居民视野、促进社区团结、很多年轻人模仿游客的衣着打扮、言行举止、丰富居民的文化生活、使地方传统民俗文化得到挖掘和发展、居民文明礼仪程度和对陌生人的好客程度增加、使地方传统文化（工艺等）和古建筑得到保护与复兴、挽救了传统的手工艺、有接受旅游职业技能培训的机会、提高文化素质、有利于本地居民学习外来文化、居民对本地历史文化的了解认识加深、提高当地的知名度、促进文化遗产保护、提高了语言表达能力、增强了当地的环境保护意识、老百姓更安定幸福、社会风气更好、提高文化素质、会使用电脑、会说普通话、参加过旅游相关知识技能的培训、展示传统手工艺的机会、非物质类民间艺术展示机会、增加了文化史迹的展示、提高了本地防护能力（如防火、防盗、防爆等）、提高了社会治安与社会安全保障能力、使本地居民故意破坏公物行为减少

三、初步量表形成

初步量表是在汇总表及实地调研基础上经专家小组遴选获得的。指标遴选专家小组召开小组会，按照如下原则对指标进行遴选：第一，指标能清晰反映旅游社会文化影响；第二，认为指标能反映旅游社会文化影响的专家比例超过50%。本书专家小组为7人，分别为本书负责人及成员，其中高级职称4人，中级职称3人。达到或超过4位专家认为指标能清晰反映则该指标被保留，课题研究组经过讨论后选择了50个指标，如表3-2所示。

表3-2 旅游社会文化影响测量初步量表（50个指标）

分类	指标
社会环境（8）	公共设施及其利用、社区拥挤程度、物价水平、社会治安、交通便利性、赌博、犯罪率、酗酒
文化要素（14）	传统建筑及历史遗迹、传统服饰、使用外地语言的频率、传统工艺品艺术水平、民族风俗/节庆、传统婚恋观念、居民的民族信仰、居民的经济意识、居民的生活方式、居民的好客程度、居民的文明礼仪、居民的法制观念、居民的道德水平、居民环境保护意识
社会要素（14）	家庭矛盾、邻里关系、与周边区域关系、离婚率、择偶范围、职业分化、外来经营者数量、贫富差距、老年人地位、妇女地位、本地人地位、居民的心理压力、居民的流离失所、当地人使用自然资源的权利
社会文化发展（14）	本地形象、居民自豪感、居民的休闲机会、居民的文娱活动/设施、居民的健康状况、居民受教育水平、与外界的文化交流、文化优越感、历史文化展览、社交活动、文化商品化、虚假民俗文化、文化遗产保护、接受旅游职业技能培训的机会

四、量表预试

根据前人研究经验,需要对初步遴选的 50 个指标进行预调查测试,以使调查项目减少到可管理、可控制范围。鉴于预调研数据要进行因子分析,因此调查测试的样本数量必须符合做因子分析的最低要求。以每个项目最少 5 个样本计,则需要 250 个预调查样本。预调查样本有桂林某大学的三年级学生 160 人,不足的采用"数据 100"网络调查补足,共获得 260 个样本,调查问卷格式如表 3-3 所示。预调查时,要求受访者根据自己作为游客的经历或者以目的地居民的身份对 50 个项目进行评估。预调查完成后,调查数据采用正交旋转主成分因子分析法进行分析,取其中显著项(通常取 0.4 或者更高),最终确定测量的指标。

表 3-3 旅游社会文化影响研究调查问卷格式

项目	内容
第一部分	您的基本情况(请您在符合情况的选项上画圈)
第二部分	您对社会文化变化的总体态度
第三部分	您对本村旅游开发的建议
第四部分	旅游开发后您所在村寨社会文化的变化状况

对预试数据进行探索性因子分析,结果显示,50 个要素的 KMO(Kaiser-Meyer-Olkin)[①]值为 0.75(一般认为应大于 0.5),巴特利特球形检验值为 10 475.36,p 值为 0.000,达到显著,代表有共同因素存在,适合做因子分析。采用正交旋转法,删除因子载荷低于 0.4 的因素,得到表 3-4 中的 39 个指标,表明量表具有良好的收敛效度和单维度性。再次对条款净化后的指标进行分析,提取 4 个公因子,其特征值大于 1,因子载荷大于 0.4,符合显著性要求。表 3-4 是经过因子分析后剔除不符合要求的因子后的预试量表。

---

① KMO 是由 Kaiser、Meyer 和 Olkin 提出的。

表 3-4　旅游社会文化影响测量预试量表（39 个指标）

公因子	代号	指标	因子载荷	特征值	贡献率
F1 社会文化发展 （12）	GA	本地形象	0.534	7.895	15.419%
	GB	居民自豪感	0.678		
	GC	居民文娱活动/设施	0.590		
	GD	居民的心理压力	0.407		
	GE	居民的健康状况	0.435		
	GF	居民受教育水平	0.544		
	NC	与外界的文化交流	0.621		
	ND	对文化活动的需求	0.613		
	NE	社交活动	0.700		
	NF	文化优越感	0.425		
	SE	妇女地位	0.598		
	SF	本地人地位	0.516		
F2 文化要素 （11）	WA	传统建筑及历史遗迹	0.465	5.477	9.507%
	WB	传统服饰	0.455		
	WC	使用外地语言的频率	0.457		
	WD	传统工艺品艺术水平	0.516		
	WE	民族风俗/节庆	0.474		
	WF	居民的生活方式	0.538		
	WG	居民的好客程度	0.502		
	WH	居民的文明礼仪	0.467		
	WI	居民的法制观念	0.588		
	WJ	居民的道德水平	0.559		
	WK	居民的民族信仰	0.685		
F3 社会环境 （8）	HA	公共设施及其利用	0.427	3.146	6.568%
	HB	交通便利性	0.464		
	HC	社区拥挤程度	0.469		
	HE	物价水平	0.575		
	HF	贫富差距	0.545		
	HD	社会治安	0.576		
	HG	赌博	0.587		
	HH	犯罪率	0.534		
F4 社会要素 （8）	NA	历史文化展览	0.567	1.685	4.583%
	NB	文化遗产保护	0.682		
	NG	文化商品化	0.523		
	NH	虚假民俗文化	0.533		
	SA	家庭矛盾	0.535		
	SB	邻里关系	0.567		
	SC	与周边区域关系	0.469		
	SD	外来经营者数量	0.457		

此时，在经过正交旋转和提取公因子后，有 11 项调查指标没有如期落入预先设定的分类中，提取的 4 个公因子中"社会文化发展"和"社会要素"两个公因子具体内容有所变化。具体包括：原先在"社会要素"因子

中的"妇女地位""本地人地位"两个指标,落入"社会文化发展"因子中。原在"社会文化发展"因子中的"虚假民俗文化""文化商品化""文化遗产保护""历史文化展览"4个指标,落入"社会要素"因子中。经过分析,可能是"社会文化发展"和"社会要素"两个公因子之间有较强相关性、内部指标划分较难严格区别开来的缘故。

第四节 正式量表调查与分析

一、调查实施

对预试量表开展正式调研可最终形成正式量表。调查方式主要有问卷调查法、一对一深度访谈法和观察法。课题组于2011年11月和2012年4月开展了对广西龙脊风景名胜区的核心景区——平安寨和金坑的两次实地调查。平安寨核心区共有家庭156户,约800人。以个人为单位抽取了400个样本进行问卷调查,回收问卷380份,有效问卷336份。在金坑共发放问卷200份,收回136份,有效问卷124份。两地合计发放问卷600份,回收516份,有效样本460份,有效率76.7%。分析时,金坑的调研样本主要用于做参照。表3-5是调研样本的基本情况。

表3-5 平安寨受访者基本情况

特征	类别	特征	类别
男女比例	男(46.4%)	主要收入来源	旅游(75.0%)
	女(53.6%)		外出打工(14.3%)
年龄分布	20~30岁(32.1%)		其他(10.7%)
	31~40岁(31.0%)	参与旅游形式	餐饮(40.5%)
	41~50岁(22.0%)		住宿(45.6%)
	51岁及以上(14.9%)		导游服务(0.0%)
文化程度	小学及以下(29.4%)		歌舞表演(3.5%)
	初中(36.0%)		
	高中或中专技校(28.6%)		
	大专及以上(6.0%)		
民族	壮族(78.6%)		民族旅游商品(14.6%)
	其他(21.4%)		其他(33.1%)
家庭年旅游收入	1万元及以下(33.9%)	从事旅游业的时间	1年以下(24.4%)
	1万~3万元(含)(33.9%)		1~3年(16.1%)
	3万~5万元(含)(20.2%)		3~5年(20.9%)
	5万元以上(11.9%)		5年及以上(38.7%)

注:表中数据进行过修约,存在合计不等于100%的情况

二、测量量表信度和效度检验

（一）信度检验

如果在没有净化测量项目之前就对测量项目进行因子分析，则可能导致多维度的现象。为此，在进行因子分析前需要净化和消除"垃圾测量项目"。调查问卷采用修正后项目总相关系数（corrected item-total correlation，CITC），即在同一变量维度下，每一测量项目与其他所有测量项目之和的相关系数来净化测量项目。CITC零相关或相关系数较低时，应予以剔除。其中，CITC小于0.5时，一般情况下就应该剔除该测量项目，但一般要求相关系数应当在0.3以上，并且达到显著水平。此处选择CITC小于0.3作为剔除该测量项目的标准，采用克龙巴赫系数（Cronbach's α coefficient，简称 α 系数）检验测量项目的信度。一般认为，α 系数值应该在0.7以上才算具有一致性。

具体操作时，首先需要对39个指标进行相关系数及 α 系数分析。用SPSS软件进行分析的结果如表3-6所示，"F1社会文化发展"公因子中"居民的心理压力"的CITC为0.100，小于0.3。"F2文化要素"公因子中"传统建筑及历史遗迹""传统服饰""使用外地语言的频率""传统工艺品艺术水平"CITC分别为0.134、0.113、-0.174、0.178，小于0.3。"F3社会环境"公因子中"公共设施及其利用"、"物价水平"、"贫富差距"和"交通便利性"CITC分别为-0.013、-0.006、0.071和0.167，小于0.3。"F4社会要素"公因子中"文化商品化"CITC为0.118，合计共10个指标项CITC小于0.3，按照标准应予以剔除。经这一标准净化后，α 系数由0.805提升至0.851。由于 α 系数已达到接受水平且实地调研时上述指标在受访者中提及的频繁高，此处做特殊处理，暂时予以保留。在确定正式量表时，再根据探索性隐私分析结果综合研判确定指标的去留问题。

表3-6　旅游社会文化影响测量量表信度检验结果（39个指标）

公因子	代号	指标	净化前 CITC	净化前 α系数	净化后 CITC	净化后 α系数
F1 社会文化发展 （12）	SE	妇女地位	0.358	0.803	0.417	0.846
	SF	本地人地位	0.487	0.799	0.541	0.842
	GA	本地形象	0.376	0.804	0.433	0.846
	GB	居民自豪感	0.504	0.800	0.550	0.844
	GC	居民文娱活动/设施	0.415	0.802	0.478	0.831

续表

公因子	代号	指标	净化前 CITC	净化前 α系数	净化后 CITC	净化后 α系数
F1 社会文化发展（12）	GD	居民的心理压力	0.100	0.795	—	—
	GE	居民的健康状况	0.305	0.805	0.348	0.848
	GF	居民受教育水平	0.328	0.805	0.365	0.847
	NC	与外界的文化交流	0.446	0.801	0.505	0.844
	ND	对文化活动的需求	0.437	0.802	0.491	0.845
	NE	社交活动	0.494	0.799	0.546	0.842
	NF	文化优越感	0.501	0.793	0.546	0.842
F2 文化要素（11）	WA	传统建筑及历史遗迹	0.134	0.813	—	—
	WB	传统服饰	0.113	0.817	—	—
	WC	使用外地语言的频率	-0.174	0.824	—	—
	WD	传统工艺品艺术水平	0.178	0.814	—	—
	WE	民族风俗/节庆	0.317	0.808	0.308	0.849
	WF	居民的生活方式	0.379	0.809	0.400	0.846
	WG	居民的好客程度	0.328	0.811	0.373	0.847
	WH	居民的文明礼仪	0.428	0.809	0.477	0.845
	WI	居民的法制观念	0.314	0.810	0.360	0.847
	WJ	居民的道德水平	0.356	0.810	0.404	0.846
	WK	居民的民族信仰	0.419	0.806	0.477	0.843
F3 社会环境（8）	HA	公共设施及其利用	-0.013	0.815	—	—
	HC	社区拥挤程度	0.306	0.812	0.300	0.845
	HE	物价水平	-0.006	0.822	—	—
	HF	贫富差距	0.071	0.819	—	—
	HD	社会治安	0.367	0.808	0.361	0.847
	HG	赌博	0.388	0.809	0.402	0.846
	HH	犯罪率	0.300	0.812	0.358	0.848
	HB	交通便利性	0.167	0.815	—	—
F4 社会要素（8）	SA	家庭矛盾	0.402	0.807	0.467	0.847
	SB	邻里关系	0.346	0.808	0.329	0.848
	SC	与周边区域关系	0.368	0.808	0.343	0.848
	SD	外来经营者数量	0.369	0.815	0.331	0.853
	NA	历史文化展览	0.506	0.802	0.507	0.809
	NB	文化遗产保护	0.469	0.805	0.397	0.846
	NG	文化商品化	0.118	0.816	—	—
	NH	虚假民俗文化	0.373	0.811	0.317	0.852
α系数			0.805		0.851	

（二）效度检验

本章采用 KMO 和巴特利特球形检验来检测项目效度。在做因子分析之前要用 KMO 来检验数据是否适合做因子分析。一般认为，KMO 越接近 1，表明越适合做因子分析。KMO 在 0.9 以上，表示非常合适；0.8～0.9（含），表示很合适；0.7～0.8（含），表示合适；0.6～0.7（含），表示不太合适；0.5~0.6（含），表示很勉强；0.5及以下，表示不合适。当巴特利特球形检验的统计值显著性概率小于或等于显著性水平时，认为可以做因子分析。结果显示，KMO为0.743，巴特利特球形检验值为6221.07，p（Sig.=0.000）<0.05，适合做因子分析。如应用按CITC大于0.3的标准净化后的29个指标进行KMO和巴特利特球形检验，KMO为0.784，巴特利特球形检验值为4433.85，p（Sig.=0.000）<0.05，KMO有所提高，适合做因子分析。

三、探索性因子分析

按照CITC结果，本应删除CITC小于0.3的10个因子，但由于上述因子均为实地调研过程中突出存在的社会文化变化因素，并且未删除时KMO为0.743满足做因子分析的条件，因此本书先采用39个指标项的测量量表进行探索性因子分析，再根据因子载荷大于0.4的标准进行指标净化，最终决定删除的指标项。对测量量表（39个指标项）进行探索性因子分析，最终，"传统服饰""居民的心理压力""文化遗产保护"3个因子载荷低于0.4的因素被删除（表3-7），表中各项的因子载荷均大于0.4，这表明量表具有良好的收敛效度和单维度性。

表3-7 旅游社会文化影响测量量表探索性因子分析结果（36个指标）

公因子	代号	指标	因子载荷	特征值	贡献率
F1 社会文化发展 （11）	SE	妇女地位	0.622	7.768	20.479%
	SF	本地人地位	0.688		
	GA	本地形象	0.574		
	GB	居民自豪感	0.706		
	GC	居民文娱活动/设施	0.631		
	GE	居民的健康状况	0.544		
	GF	居民受教育水平	0.442		
	NC	与外界的文化交流	0.664		
	ND	对文化活动的需求	0.625		
	NE	社交活动	0.663		
	NF	文化优越感	0.713		
F2 文化要素（10）	WA	传统建筑及历史遗迹	0.485	5.478	14.300%
	WC	使用外地语言的频率	0.413		
	WD	传统工艺品艺术水平	0.418		
	WE	民族风俗/节庆	0.412		
	WF	居民的生活方式	0.533		

续表

公因子	代号	指标	因子载荷	特征值	贡献率
F2 文化要素（10）	WG	居民的好客程度	0.511		
	WH	居民的文明礼仪	0.563		
	WI	居民的法制观念	0.587		
	WJ	居民的道德水平	0.540		
	WK	居民的民族信仰	0.645		
F3 社会环境 （8）	HA	公共设施及其利用	0.438	3.661	10.005%
	HC	社区拥挤程度	0.429		
	HE	物价水平	0.570		
	HF	贫富差距	0.504		
	HD	社会治安	0.582		
	HG	赌博	0.589		
	HH	犯罪率	0.510		
	HB	交通便利性	0.468		
F4 社会要素 （7）	SA	家庭矛盾	0.512	1.814	9.387%
	SB	邻里关系	0.550		
	SC	与周边区域关系	0.487		
	SD	外来经营者数量	0.441		
	NA	历史文化展览	0.588		
	NG	文化商品化	0.533		
	NH	虚假民俗文化	0.494		

第五节　正式量表形成

一、量表指标项选择

（一）指标删除原则

根据量表信度检验和探索性因子分析结果对指标进行删减。当测量量表的 CITC 大于 0.3 和探索性因子 α 系数大于 0.4 时，说明量表具有较高的可靠性，旅游社会文化影响量表的各层面和总量表具有较好的信度和较高的内部一致性。

（二）指标项的删除

根据上述两个原则，结合实地调研结果对 39 个指标项进行删减。首先，删除"CITC 大于 0.3"和"探索性因子 α 系数大于 0.4"两项条件均不满足的指标，包括"传统服饰""居民的心理压力"2 个指标，指标数量由 39 个减至 37 个。其次，按照探索性因子分析结果优先原则，删减"文化遗产保护"指标，指标数降至 36 个。最后，考量是否删减不满足"CITC 大于 0.3"收敛效度不理想的指标，包括"传统建筑及历史遗迹""使用外地语言的频率""传统工艺品艺术水平""公共设施及其利用""物价水平""贫富差距""交通便利性""文化商品化"等8个指标。由于实地调查和已有的研究成果均显示了上述指标的典型性，此处采用专家意见法仅删去"传统工艺品艺术水平"这一代表性稍弱的指标，其余予以保留，待将来在更广泛实证结果中检验。至此，量表的指标数量降至35个。

二、形成正式量表

（一）量表分类处理

正式调查与预调研取得了基本一致的结果。与预调研的不同之处在于，因子的数量由39个减少为35个。形成正式量表前，还需要对纳入量表的相关指标进行分类，并确定适用的量表刻度。在因子分析时进行正交旋转，可以更突出各因子的典型代表变量。最常用的方法是正交旋转法，使旋转后的因子载荷阵中的每一列元素尽可能地拉开距离，以将相关比较密切的变量归在同一类。表3-8是对量表进行正交旋转之后的结果。

表3-8 旅游社会文化影响测量量表正交旋转结果（35个指标）

公因子		代号	指标	因子载荷	特征值	贡献率
社会文化发展因子（11）		SE	妇女地位	0.608	7.029	20.083%
		SF	本地人地位	0.621		
		GA	本地形象	0.709		
		GB	居民自豪感	0.726		
		GC	居民文娱活动/设施	0.561		
		GE	居民的健康状况	0.553		
		GF	居民受教育水平	0.557		
		NC	与外界的文化交流	0.706		
		ND	对文化活动的需求	0.661		
		NE	社交活动	0.806		
		NF	文化优越感	0.703		
文化因子（12）	A类因子	WA	传统建筑及历史遗迹	0.709	3.331	13.516%
		WE	民族风俗/节庆	0.690		
		WF	居民的生活方式	0.505		
		NA	历史文化展览	0.791		
		NG	文化商品化	0.811		
		NH	虚假民俗文化	0.761		

续表

公因子	代号	指标	因子载荷	特征值	贡献率
文化因子（12）	B类因子	WC 使用外地语言的频率	0.274	2.739	9.826%
		WG 居民的好客程度	0.749		
		WH 居民的文明礼仪	0.64		
		WI 居民的法制观念	0.713		
		WJ 居民的道德水平	0.765		
		WK 居民的民族信仰	0.612		
社会因子（12）	A类因子	HA 公共设施及其利用	0.711	2.436	7.960%
		HC 社区拥挤程度	0.545		
		HE 物价水平	0.707		
		HF 贫富差距	0.606		
		HB 交通便利性	0.621		
	B类因子	SA 家庭矛盾	0.779	1.453	5.765%
		SB 邻里关系	0.749		
		SC 与周边区域关系	0.654		
		SD 外来经营者数量	0.554		
		HD 社会治安	0.532		
		HG 赌博	0.839		
		HH 犯罪率	0.874		

（二）正式量表

经过因子分析和指标净化后得到的旅游社会文化影响指标基本上覆盖了旅游目的地的社会文化系统，整体上具有较强的代表性和可行性，可以用于进行旅游社会文化影响的测量研究，但理论上仍然需要更大的样本量和更多的样本点来检验与完善。同时，根据已有研究经验和实践，由于利克特量表更便于社区居民识别，此处建议在测量时采用此量表（表3-9）。

表3-9　旅游社会文化影响测量量表及指标释义（35个指标）

公因子	代号	指标	指标解释
社会文化发展因子（11）	SE	妇女地位	反映旅游开发后妇女地位变化
	SF	本地人地位	反映旅游开发后当地人地位变化
	GA	本地形象	反映旅游对当地形象的影响
	GB	居民自豪感	反映旅游开发后居民的总体认同感
	GC	居民文娱活动/设施	旅游开发后文化娱乐活动的变化
	GE	居民的健康状况	居民的身体状况的变化

续表

公因子	代号	指标	指标解释
社会文化发展因子（11）	GF	居民受教育水平	居民的社会福利水平变化
	NC	与外界的文化交流	地区的文化交流情况
	ND	对文化活动的需求	居民对文化活动需求情况的变化
	NE	社交活动	居民社会交往的变化
	NF	文化优越感	居民对民族文化的认同情况
文化因子（12）	A类因子	WA	传统建筑及历史遗迹	旅游地的传统建筑及历史遗迹的变化
		WE	民族风俗/节庆	旅游地传统习俗的变化
		WF	居民的生活方式	居民生活方式的变化
		NA	历史文化展览	旅游地举办历史文化展览的次数变化
		NG	文化商品化	文化的过度包装等
		NH	虚假民俗文化	民俗活动脱离真实的群众文化
	B类因子	WC	使用外地语言的频率	使用外语及普通话等的频率变化
		WG	居民的好客程度	居民的友好热情程度变化
		WH	居民的文明礼仪	社区居民的文明程度变化
		WI	居民的法制观念	居民的法律意识变化
		WJ	居民的道德水平	居民的思想道德变化
		WK	居民的民族信仰	居民对传统信仰的态度变化
社会因子（12）	A类因子	HA	公共设施及其利用	社区的排污、照明、文化设施等变化
		HC	社区拥挤程度	旅游地的人口密度的变化
		HE	物价水平	旅游地的物价涨幅情况
		HF	贫富差距	旅游地社区的贫富差距的变化
		HB	交通便利性	旅游地的交通便利性变化
	B类因子	SA	家庭矛盾	旅游地社区家庭关系的变化
		SB	邻里关系	社区内周边邻居之间的关系变化
		SC	与周边区域关系	与周边区域的关系的变化
		SD	外来经营者数量	旅游移民数量的变化
		HD	社会治安	旅游地社会治安的变化
		HG	赌博	旅游地赌博活动的变化
		HH	犯罪率	旅游地犯罪率的变化

经过确立量表设计目标、建立量表指标库、专家小组讨论遴选指标产生初步量表、确定指标的问卷表述方式、预调查以净化尺度、样本点选择及进行尺度验证等多个步骤后形成了包括35个指标的旅游社会文化影响测量量表。量表的内容分成三个方面。

（1）社会文化发展因子主要是旅游地开发后居民的社会文化生活领域的因素，包括妇女地位、本地人地位、本地形象、居民自豪感、居民文娱活动/设施、居民的健康状况、居民受教育水平、与外界的文化交流、对文化活动的需求、社交活动和文化优越感 11 个指标。

（2）文化因子是指旅游活动对文化的物质、行为和精神三个层面产生的影响，包括传统建筑及历史遗迹、民族风俗/节庆、居民的生活方式、历史文化展览、文化商品化、虚假民俗文化、使用外地语言的频率、居民的好客程度、居民的文明礼仪、居民的法制观念、居民的道德水平和居民的民族信仰 12 个指标。

（3）社会因子是指旅游活动对旅游地社区的社会系统和社会环境产生的影响，包括犯罪率、赌博、社会治安、外来经营者数量、与周边区域关系、邻里关系、家庭矛盾、交通便利性、公共设施及其利用、社区拥挤程度、贫富差距和物价水平 12 个指标。

第四章　居民感知视角的旅游社会文化影响测量及评价

测量量表解决了旅游社会文化影响的测量维度及指标问题，要进一步探究其影响程度和各指标之间的关系就需要进行建模分析。评价模型的选择和建构始终应服从于评价对象的特征和评价目标。从旅游社会文化影响特征出发，结合研究需要达到的评价效果，本书提出了对测量量表中的各具体指标分项测量的方法，构建了半定量评价和模糊综合评价模型及方法，使评价结果既能满足获得目的地旅游社会文化单项指标变化程度和整体变化程度的目标，又能为旅游影响监测预警及调控提供综合研判数据。本书还以广西龙脊平安寨为例对模型进行了应用和实证分析。

第一节　测量目标的确立

对旅游社会文化影响进行定量测量的目的在于掌握旅游开发后目的地社会文化系统的变化情况，对出现问题的因素进行适度调控，以推动目的地健康、持续发展。

（一）测量旅游社会文化单项指标的变化程度

通过计算均值、中位数、标准差等方法来对单项指标的变化程度进行判断。单项指标的变化程度可以用来监测、预警和调控目的地社区旅游社会文化变化中的一些核心因素。

（二）建模评价旅游社会文化系统的整体变化程度

通过确定评价指标、构建评价模型对旅游社会文化影响的变化程度进行综合评价，了解和掌握旅游地社会文化系统的变化情况。此处采用居民感知视角的旅游社会文化影响评估，运用灰色模糊综合评价法来进行旅游社会文化影响的综合评价。

（三）建模评价居民对旅游社会文化变化的接受程度

居民是旅游地的文化传承人，也是旅游开发后文化变化的直接感知者，旅游社区的社会文化发展进程往往取决于社区居民的态度。因此，评价居民对旅游地社会文化变化的接受程度是十分必要的。本书主要采用单项指标测量和模糊综合评价。

（四）建模评价居民对旅游社会文化变化的总体感知

旅游社会文化变化的总体感知是在测量居民对文化变化程度和接受程度感知的基础上，构建半定量评价方法将变化程度与接受程度相乘，然后开方获得的。

第二节 测量量表及指标体系

根据第三章形成的测量量表，测量的指标体系主要由三部分构成，共35个指标。社会文化发展因子部分主要是居民对本地文化变化的感知情况，包括正反两个方面。文化因子部分主要是居民对本地社会环境及社会结构等方面的变化的感知情况，包括正反两方面。社会因子部分主要是旅游开发后给目的地社会文化带来的有利改变。

具体指标如图 4-1 所示。

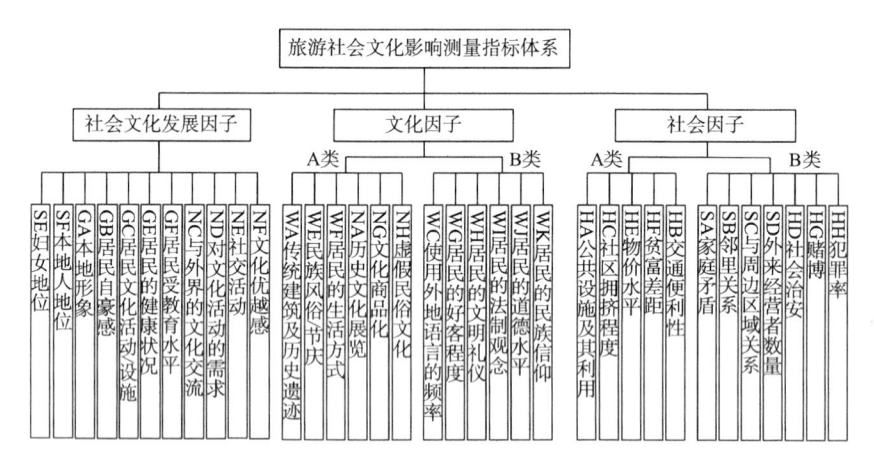

图 4-1 旅游地社会文化测量指标体系

第三节 居民感知视角的评价模型构建

对旅游社会文化影响量化分析包括单项指标测量和综合评价。单项指标测量反映单项指标变化程度，是确定旅游地社会文化调控的关键因素。综合模糊评价用以反映旅游地社会文化变化的整体情况，掌握旅游地社会文化的趋势和方向。单项指标中的半定量评价模型和以模糊评价为基础的综合模糊评价模型是一项创新性的研究。

一、单项指标变化程度的测量

（一）居民对旅游社会文化的变化程度单项指标测量

对旅游社会文化影响变化程度的各项指标进行单项指标均值、百分比和标准差计算，反映各项指标在旅游开发后的变化情况及各项指标居民态度的离散程度，具体计算可运用 SPSS 软件进行。

（二）居民对旅游社会文化变化的接受程度单项指标测量

对居民对旅游社会文化影响变化的接受程度单项指标测量是采用计算均值、百分比和标准差等计算，反映各项指标在旅游开发后的变化情况及各项指标居民态度的离散程度，具体计算可运用 SPSS 软件进行。

二、单项指标综合感知的半定量评价模型构建

（一）单项指标的综合感知

量表各项指标反映的是单一维度的感知，并不能全面反映居民对某一社会文化变化的综合感受。因此，有必要构建单项指标的综合感知评价模型，以获得居民更全面且真实的态度。此处将综合感知定义为"变化程度×接受程度"，利用 Fishbein 的多属性态度模型对单项指标的综合感知算法进行了改造，结合 Lankford、Crompton 等学者提出的旅游影响测量量表方法，将综合感知具体定义为

$$综合感知 = 变化程度 \times 接受程度$$

居民的感知如果单从"变化程度"或者"接受程度"的任一指标看无法表达其对指标变化的总体态度。将两个指标结合的好处在于，可以在测量居民对旅游社会文化影响变化程度感知的基础上融入接受程度，从而获得多属性态度测量结果。以居民对"传统建筑"的变化感知为例，居民甲对"传统建筑及历史遗迹"的感知为"极大增加"，但居民甲认为"乐意接受"，因为他更喜欢现代的建筑。居民乙则对"传统建筑"的感知同样为"极大增加"，但居民乙认为"很难接受"，因为他个人喜欢传统建筑。此时，就必须综合居民对影响的变化程度和接受程度，才能准确衡量居民的真实态度。因此，设立对单一指标的综合感知评价对准确把握调查对象对社会文化变化的整体态度是有用的。

（二）半定量评价方法

多属性态度模型认为某一客体或行为的态度是由两个要素组成的：一是消费者对于购买此种产品的态度，即自我认知。二是消费者认为其他人对此种产品可能有的态度，即从众心理。该模型的研究发源于美国，现已

被用于解释较为广泛的产品的购买行为。因此，用数学表示即为

$$A_O = \sum_{i=1}^{n} B_i E_i$$

其中，A_O 表示消费者对待品牌的总体态度；B_i 表示消费者对待品牌拥有的第 i 个属性的信念强度；E_i 表示消费者对属性 i 的偏好程度；n 表示品牌具有属性的数量。

根据 Fishbein 多属性态度模型及计算方法创新构建居民综合感知模型。将居民的综合感知模型的计算确定为：首先测量居民对社会文化"变化程度"的感知，其次测量其对变化的偏好，最后取感知与偏好的几何平均值来计算居民对旅游社会文化影响的态度。计算公式如下所示：

$$D_j = \sum_{n=1}^{5} x_i d_i \tag{4-1}$$

其中，D_j 表示居民感知的某个社会文化事项的变化程度；x_i 表示测量指标每种变化程度所占的比重；d_i 表示测量指标每种变化程度的值；5 表示采用利克特量表。

$$E_j = \sum_{n=1}^{5} x_i e_i \tag{4-2}$$

其中，E_j 表示居民对某个社会文化事项变化的偏好；x_i 表示测量指标每种变化程度所占的比重；e_i 表示测量指标每种变化程度的值；5 表示采用利克特量表。

$$RA_j = D_j E_j \tag{4-3}$$

其中，RA_j 表示居民对某项旅游社会文化变化的态度。居民对旅游社会文化变化的总态度（RA）取所有 n 个事项态度值之和的均值，计算公式如式（4-4）所示。

$$RA = \sum_{j=1}^{j} A_j / n \tag{4-4}$$

三、整体感知的模糊综合评价方法

（一）评价方法的选取

选择什么样的评价方法取决于评价目的及被评价对象的特点。居民旅游影响感知总体上是研究对象内心期望与事实感知相结合而产生的对某一事物感知的综合反映，其内涵和外延复杂多变，边界并不分明，具有一定的模糊性，不同个体对同一事物的感知也不尽相同，其结果也具有一定的模糊性。因此，本书采用模糊数学相关理论对社区居民旅游影响感知进行

模糊综合评价。

模糊综合评价法是应用模糊关系合成的原理，从多个因素对评价事务隶属等级状况进行综合性评价的一种方法，主要关注"认知不确切"问题。过去几十年，模糊数学在综合评价中得到了较为成功的应用，产生了适合于对主观或定性指标进行评价的模糊综合评价方法。

（二）评价框架与指标体系

1. 建模原则

评价指标要根据研究目的来确定。作为衡量旅游社区居民社会文化感知的框架体系，既要遵循一般评价体系客观性、科学性、完整性和有效性的原则，还应考虑研究对象的特殊性所决定的一些因素。

（1）简单性。一般而言，在实用前提下，模型越简单越好。建模过程不可能选取所有与研究对象有关的变量和参数，因而会忽略一些次要的因素和某些不可测因素的影响。实际的模型是一个简化了的近似模型，其使命在于揭示研究对象的主要矛盾。

（2）可操作性。在建模过程中由于研究对象的文化水平要更多地考虑数据的可获得性和可辨识性，所选取的指标必须是研究对象能理解和认同的，同时必须能够解释研究对象的行为。

（3）层次性。为避免所选择的指标之间由于相似或相互包含而降低指标对研究对象的解释能力，应根据研究系统的结构分出层次，构建目标层、准则层和指标层结构，增强指标体系的逻辑性，使其结构清晰，易于识别和使用。

2. 指标体系选取

此处的模糊综合评价指标采用第三章旅游社会文化影响正式量表中的 35 个指标。一是社会文化发展因子，包括妇女地位、本地人地位、本地形象、居民自豪感、居民文娱活动/设施、居民的健康状况、居民受教育水平、与外界的文化交流、对文化活动的需求、社交活动和文化优越感 11 项指标。二是文化因子，包括传统建筑及历史遗迹、民族风俗/节庆、居民的生活方式、历史文化展览、文化商品化、虚假民俗文化、使用外地语言的频率、居民的好客程度、居民的文明礼仪、居民的法制观念、居民的道德水平和居民的民族信仰 12 项指标。三是社会因子，包括犯罪率、赌博、社会治安、外来经营者数量、与周边区域关系、邻里关系、家庭矛盾、交通便利性、公共设施及其利用、社区拥挤程度、贫富差距、物价水平 12 项指标。

(三）评价模型

模糊综合评价方法是一种运用模糊数学原理分析和评价具有"模糊性"的事物的系统分析方法。它是一种以模糊推理为主的定性与定量相结合、精确与非精确相统一的分析评价方法。由于这种方法在处理各种难以用精确数学方法描述的复杂系统问题方面所表现出的独特的优越性，近年来已在许多学科领域中得到了十分广泛的应用。在复杂大系统中，需要考虑的因素往往是很多的，而且因素之间还存在着不同的层次。这时，应用单层次模糊综合评价模型就很难得出正确的评判结果。在这种情况下，就需要将评价因素集合按照某种属性分成几类，先对每一类进行综合评价，然后再对各类评价结果进行类之间的高层次综合评价，这样就产生了多层次模糊综合评价问题。

多层次模糊综合评价模型的建立，可按以下步骤进行。

（1）确定评价指标集。对评判因素集合 U，按某个属性，将其划分成 m 个子集，如式（4-5）所示，使它们满足：

$$\begin{cases} \sum_{i=1}^{m} U_i = U \\ U_i \cap U_j = \Phi (i \neq j) \end{cases} \quad (4-5)$$

这样，就得到了第二级评判因素集合：

$$U = \{U_1, U_2, \cdots, U_m\} \quad (4-6)$$

$U_i = \{U_{ik}\} = \{U_{i1}, U_{i2}, \cdots, U_{ik}\}$ （$i=1,2,\cdots,m$；$k=1,2,\cdots,n$）表示子集 U_i 中含有 nk 个评判因素。

（2）建立评价指标的评语集。根据评价对象的性质，将评价指标集确定为

$V = \{v_1, v_2, v_3, v_4, v_5\} = \{$极大减少，减少，无变化，增加，极大增加$\}$

（3）确定评价指标体系权重集。对于每一个子集 U_i 中的 nk 个评判因素，按单层次模糊综合评价模型进行评价，如果 U_i 中的诸因数的权数分配为 A_i，其评价决策矩阵为 R_i，则得到第 i 个子集 U_i 的综合评价结果，如式（4-7）所示：

$$B_i = A_i \times R_i = [b_{i1}, b_{i2}, \cdots, b_{in}] \quad (4-7)$$

（4）确定指标评价矩阵 R。对 U 中的 m 个评价因素子集 U_i（$i=1,2,\cdots,m$），进行综合评价，其评价决策矩阵为式（4-8）：

$$R = \begin{bmatrix} B_1 \\ B_2 \\ \vdots \\ B_m \end{bmatrix} = \begin{bmatrix} b_{11} & b_{12} & \cdots & b_{1n} \\ b_{21} & b_{22} & \cdots & b_{2n} \\ \vdots & \vdots & & \vdots \\ b_{m1} & b_{m2} & \cdots & b_{mn} \end{bmatrix} \quad (4\text{-}8)$$

（5）模糊综合评价。在模糊综合评价时，先对二级指标进行模糊综合评价，得出 B_1、B_2 和 B_3；再对一级指标进行模糊综合评价。此处均采用模糊算子 $M(\circ, \oplus)$。

首先，进行二级指标模糊综合评价。

$$B_1 = A_1 \circ R_1$$

同理，可得 B_2、B_3。则有 R 值。其次，进行一级指标模糊综合评价。

$$B = A \circ R$$

如果 U 中的各因数子集的权数分配为 A，则可得综合评判结果，如式（4-9）所示：

$$B^* = A \times R \quad (4\text{-}9)$$

式（4-9）中 B^* 既是 U 的综合评判结果，也是 U 中的所有评价因数的综合评价结果。这里需要强调的是，在式（4-7）或式（4-9）中，矩阵合成运算的方法通常有两种：一是主因素决定模型法，即利用逻辑算子 $M(\wedge, \vee)$ 进行取大或取小合成，该方法一般仅适合于单项最优的选择。二是普通矩阵模型法，即利用普通矩阵算法进行运算。这种方法兼顾了各方面的因素，因此适用于多因素的排序。

若 U 中仍含有很多因素，则可以对它再进行划分，得到三级以至更多层次的模糊综合评判模型。多层次的模糊综合评判模型，不仅可以反映评判因素的不同层次，而且避免了由于因素过多而难于分配权重的弊病。

第四节 实证评价结果

一、单项指标的描述性统计结果

（一）居民对旅游地社会文化变化程度的感知

对旅游社会文化影响变化程度的各项指标进行单项指标均值和标准差计算，以反映各项指标在旅游开发后变化情况及各项指标居民态度的离散程度。具体计算运用 SPSS 软件进行，得到表 4-1。表 4-1 为描述性统计结果，即所列计算结果为原始数据计算而得的占比和均值。

表 4-1 居民对旅游地社会文化变化程度的感知描述性统计结果

代号	指标	极大减少	减少	无变化	增加	极大增加	均值	标准差
SE	妇女地位	1.5%	0	30.7%	44.0%	23.8%	3.885	0.8701
SF	本地人地位	1.2%	1.8%	28.0%	48.8%	20.2%	3.849	0.8437
GA	本地形象	0.6%	1.8%	15.4%	66.1%	16.1%	3.952	0.6630
GB	居民自豪感	0	0.6%	19.6%	63.7%	16.1%	3.952	0.6163
GC	居民文娱活动/设施	0	8.9%	33.3%	44.6%	13.2%	3.619	0.8236
GE	居民的健康状况	1.2%	6.0%	10.6%	64.9%	17.3%	3.910	0.8039
GF	居民受教育水平	0.6%	2.4%	10.7%	58.9%	27.4%	4.101	0.7219
NC	与外界的文化交流	0	4.2%	23.1%	55.4%	17.3%	3.857	0.7434
ND	对文化活动的需求	0.3%	3.0%	12.4%	68.2%	16.1%	3.954	0.6726
NE	社交活动	1.5%	3.6%	15.7%	63.7%	15.5%	3.881	0.7712
NF	文化优越感	1.8%	1.2%	23.8%	58.3%	14.9%	3.832	0.7777
WA	传统建筑及历史遗迹	18.8%	43.8%	9.4%	25.0%	3.0%	2.496	1.1483
WE	民族风俗/节庆	4.2%	47.6%	16.7%	25.0%	6.5%	2.320	1.0723
WF	居民的生活方式	0.6%	10.1%	11.3%	61.3%	16.7%	3.833	0.8441
NA	历史文化展览	3.0%	15.5%	47.6%	22.0%	11.9%	3.244	0.9557
NG	文化商品化	0.9%	11.9%	15.8%	59.5%	11.9%	3.696	0.8724
NH	虚假民俗文化	6.9%	14.9%	38.4%	32.7%	7.1%	3.167	1.0563
WC	使用外地语言的频率	2.1%	3.0%	26.5%	59.5%	8.9%	3.696	0.8351
WG	居民的好客程度	1.5%	1.8%	8.3%	71.7%	16.7%	3.938	0.7154
WH	居民的文明礼仪	1.5%	3.0%	8.3%	68.2%	19.0%	4.024	0.6460
WI	居民的法制观念	2.4%	13.7%	45.2%	26.2%	12.5%	3.988	0.7490
WJ	居民的道德水平	6.6%	14.3%	17.8%	53.6%	7.7%	3.988	0.7954
WK	居民的民族信仰	2.4%	13.7%	45.2%	26.2%	12.5%	3.319	0.9776
HA	公共设施及其利用	6.6%	14.3%	17.8%	53.6%	7.7%	3.413	1.0552
HC	社区拥挤程度	1.6%	10.7%	19.9%	58.9%	8.9%	3.628	0.8773
HE	物价水平	2.4%	16.1%	6.0%	57.1%	18.4%	3.726	1.0835
HF	贫富差距	3.9%	19.7%	22.2%	46.4%	7.8%	3.331	1.0607
HB	交通便利性	1.5%	1.2%	12.2%	75.6%	9.5%	3.904	0.6670
SA	家庭矛盾	2.1%	20.8%	37.1%	37.5%	2.5%	3.160	0.9019
SB	邻里关系	0.6%	19.0%	31.6%	44.6%	4.2%	3.323	0.8692
SC	与周边区域关系	1.5%	22.6%	27.7%	44.0%	4.2%	3.261	0.9340
SD	外来经营者数量	1.8%	3.0%	2.3%	70.3%	22.6%	4.073	0.8072
HD	社会治安	5.1%	8.9%	25.3%	50.0%	10.7%	3.517	1.0173
HG	赌博	13.1%	27.4%	28.6%	23.8%	7.1%	2.841	1.1816
HH	犯罪率	16.1%	29.1%	31.0%	18.5%	5.3%	2.669	1.1619

从表 4-1 可得到以下结果。

（1）旅游社会文化影响正向变化大于负向变化。35个指标中31个向正方向变化，4个向负方向变化。其中，妇女地位、本地人地位、本地形象、居民自豪感、居民的健康状况、居民受教育水平、与外界的文化交流、社交活动、文化优越感、居民的好客程度、文化商品化、居民的文明礼仪、居民的法制观念、居民的道德水平、交通便利性、社会治安、外来经营者数量、社区拥挤程度、物价水平等因素有较突出的正向变化。其中，居民受教育水平、外来经营者数量、居民的文明礼仪3个指标的正向变化最为突出，均值分别达到4.101、4.073和4.024。负向变化的指标有传统建筑及历史遗迹、民族风俗/节庆、赌博、犯罪率等。其中，民族风俗/节庆变化最大，均值为2.320。

（2）发展旅游给旅游地带来了众多有利影响。妇女地位、本地人地位、本地形象、居民自豪感、居民的健康状况、居民受教育水平、与外界的文化交流、社交活动、文化优越感、居民的好客程度、居民的文明礼仪、居民的法制观念、居民的道德水平、交通便利性、社会治安等的正向变化，以及赌博、犯罪率的负向变化，说明旅游开发后社区文明程度提升，居民生活更加便利，生活环境更加安全稳定。

（3）发展旅游给旅游地文化带来了不利影响。外来经营者数量、社区拥挤程度、物价水平、文化商品化、贫富差距等指标的正向变化，传统建筑及历史遗迹、民族风俗/节庆等指标的负向变化，说明旅游开发后由于外来经营者数量及游客的增加，社区拥挤程度增加，并且推高了当地物价，引发文化商品化问题，旅游地居民的平静生活被打破，建筑、历史遗迹、民俗节庆等文化事项也遭受一定程度破坏。由于参与旅游经营的能力和机遇差距，旅游地社区内的贫富差距扩大，潜藏社会风险。

（4）居民对产生负面影响的因素感知分歧大。标准差能反映一个数据集的离散程度。居民对传统建筑及历史遗迹、民族风俗/节庆、赌博、犯罪率、公共设施及其利用、物价水平、贫富差距、虚假民俗文化、社会治安等因素的感知分歧较大，标准差均大于1。

（5）居民对生活有了更高品质的要求。居民对文化活动的需求增加明显（均值为3.954），表明居民对文化活动有更高要求。但对公共设施及其利用（均值为3.413）感知不明显，则可以看出尽管发展旅游建立了不少公共设施，但当地居民利用公共设施的机会少，并未享受其中的便利。

（6）居民对部分指标感知不明显。结果显示，居民对虚假民俗文化的变化认知不明显（均值为3.167），对家庭矛盾的认知不明显（均值为3.160），对邻里关系、与周边区域的关系感知不明显。

(二)居民对旅游地社会文化变化的接受程度

对旅游社会文化影响的居民接受程度的各项指标进行单项指标均值和标准差计算,以反映居民对各项指标的变化的接受情况及各项指标居民态度的离散程度。具体计算运用 SPSS 软件进行,得到表 4-2。表 4-2 为描述性统计结果,即所列计算结果为原始数据计算而得的占比和均值。

表 4-2 居民对旅游地社会文化变化的接受程度描述性分析

代号	指标	很难接受	难接受	无所谓	能接受	乐意接受	均值	标准差
SE	妇女地位	0	2.7%	11.9%	50.9%	34.5%	4.122	0.9386
SF	本地人地位	1.5%	2.4%	10.1%	50.9%	35.1%	4.145	0.8759
GA	本地形象	2.4%	1.2%	7.2%	57.1%	32.1%	4.150	0.8223
GB	居民自豪感	0.6%	1.8%	12.4%	55.4%	29.8%	4.114	0.7604
GC	居民文娱活动/设施	2.1%	8.3%	18.7%	42.9%	28.0%	3.861	1.0303
GE	居民的健康状况	3.6%	6.0%	6.0%	47.6%	36.8%	4.061	1.0745
GF	居民受教育水平	2.4%	3.0%	4.2%	45.2%	45.2%	4.271	0.9168
NC	与外界的文化交流	1.2%	3.6%	14.8%	52.4%	28.0%	4.018	0.8497
ND	对文化活动的需求	0.3%	4.8%	15.4%	53.9%	25.6%	3.994	0.8067
NE	社交活动	1.8%	3.0%	14.2%	53.0%	28.0%	4.018	0.8637
NF	文化优越感	2.4%	1.2%	17.8%	51.8%	26.8%	3.982	0.8909
WA	传统建筑及历史遗迹	4.8%	22.6%	15.5%	48.8%	8.3%	3.329	1.0787
WE	民族风俗/节庆	3.6%	16.1%	20.8%	39.3%	20.2%	3.560	1.1221
WF	居民的生活方式	0.9%	4.2%	6.5%	54.5%	33.9%	4.156	0.8320
NA	历史文化展览	2.7%	11.9%	35.4%	34.5%	15.5%	3.474	1.0229
NG	文化商品化	2.7%	7.1%	21.7%	50.6%	17.9%	3.733	0.9902
NH	虚假民俗文化	8.9%	8.3%	35.8%	35.7%	11.3%	3.309	1.1177
WC	使用外地语言的频率	1.8%	2.4%	25.0%	57.1%	13.7%	3.782	0.8398
WG	居民的好客程度	1.2%	3.0%	4.1%	53.0%	38.7%	4.241	0.8263
WH	居民的文明礼仪	1.2%	4.2%	3.0%	55.4%	36.2%	4.205	0.8430
WI	居民的法制观念	1.8%	1.2%	3.5%	54.8%	38.7%	4.265	0.8042
WJ	居民的道德水平	2.1%	2.4%	4.1%	56.3%	35.1%	4.182	0.8895
WK	居民的民族信仰	1.8%	1.8%	33.9%	41.7%	20.8%	3.776	0.9165
HA	公共设施及其利用	10.7%	16.1%	10.1%	35.7%	27.4%	3.521	1.3674
HC	社区拥挤程度	2.7%	17.9%	13.3%	41.1%	25.0%	3.674	1.1824
HE	物价水平	16.4%	26.5%	18.5%	32.1%	6.5%	2.855	1.2722
HF	贫富差距	14.0%	17.3%	25.2%	37.5%	6.0%	3.009	1.2302
HB	交通便利性	3.0%	6.5%	7.1%	45.9%	37.5%	4.055	1.0886

续表

代号	指标	接受程度					均值	标准差
		很难接受	难接受	无所谓	能接受	乐意接受		
SA	家庭矛盾	3.0%	8.3%	23.2%	48.8%	16.7%	3.673	1.0025
SB	邻里关系	1.2%	8.3%	19.6%	54.2%	16.7%	3.765	0.9071
SC	与周边区域关系	0.9%	13.7%	18.1%	51.8%	15.5%	3.670	0.9552
SD	外来经营者数量	3.9%	20.2%	17.0%	42.9%	16.0%	3.462	1.1386
HD	社会治安	7.2%	5.4%	15.4%	43.5%	28.5%	3.800	1.2449
HG	赌博	12.8%	11.3%	18.8%	36.3%	20.8%	3.394	1.3451
HH	犯罪率	12.8%	6.0%	18.2%	38.7%	24.3%	3.550	1.3291

从表4-2可以得出以下几点结论。

（1）居民对旅游地社会文化变化的接受程度大于变化程度。35个指标中，除物价水平的接受程度均值低于3.0、贫富差距的接受程度均值接近3.0等外，有28项（占比为80%）都在3.5及以上，说明居民对旅游开发后社区的社会文化事项变化有较强的接受能力。

（2）物价水平上升和贫富差距扩大是居民最难接受的两个方面。相对而言，物价水平、贫富差距、公共设施及其利用、历史文化展览、虚假民俗文化、传统建筑及历史遗迹等指标较难接受，尤其是物价水平和贫富差距两个指标。

（3）居民对外来经营者数量的接受程度相对较低。社区居民对外来经营者数量的接受程度均值为3.462，相对于其他指标高于3.5的可接受程度偏低。结合对居民深度访谈的结果，可以判断居民对旅游开发后的外来经营者虽总体上可以接纳，但存在一些不同看法，主要是认为外来经营者的加入使社区旅游经营竞争更加激烈。

（4）居民对旅游地社会文化变化的态度端正。从调查样本看，336份有效问卷反映出居民对社区社会文化的态度认真，选择"无所谓"的比例较少，说明居民对旅游开发后社会文化的变化相当关注。

二、单项指标综合感知的半定量评价

（一）评价说明

运用式（4-1）、式（4-2）、式（4-3）和式（4-4）的方法和模型对各指标进行计算。在进行半定量评价计算前，必须对非中性指标尤其是负向指标进行逆向调整，以使指标方向一致，从而保证结果的可比性。赌博、犯罪率等指标需要逆向调整。调整方法为，将其变化程度的提问方式调整为"赌博减少""犯罪率减少"，其分值以原来的得分为基础，在水平坐标轴上以"无变化"为核心旋转180度即可。"赌博减少""犯罪率减少"调整后的分值为：3.156和3.315。

（二）评价结果

根据上述方法，计算得到表 4-3 所示的结果，即表 4-3 是根据多属性态度模型创新性构建的居民综合感知半定量评价模型计算而得。

表 4-3 居民对旅游地社会文化变化感知的半定量评价结果

指标	极大减少	减少	无变化	增加	极大增加	感知（D_j）	很难接受	难接受	无所谓	能接受	乐意接受	偏好（E_j）	态度值（RA_j）
妇女地位	1.5%	0	30.7%	44.0%	23.8%	3.886	0	2.7%	11.9%	50.9%	34.5%	4.172	16.212
本地人地位	1.2%	1.8%	28.0%	48.8%	20.2%	3.850	1.5%	2.4%	10.1%	50.9%	35.1%	4.157	16.004
本地形象	0.6%	1.8%	15.4%	66.1%	16.1%	3.956	2.4%	1.2%	7.2%	57.1%	32.1%	4.150	16.417
居民自豪感	0	0.6%	19.6%	63.7%	16.1%	3.953	0.6%	1.8%	12.4%	55.4%	29.8%	4.123	16.298
居民文娱活动/设施	0	8.9%	33.3%	44.6%	13.2%	3.616	2.1%	8.3%	18.7%	42.9%	28.0%	3.867	13.983
居民的健康状况	1.2%	6.0%	10.6%	64.9%	17.3%	3.914	3.6%	6.0%	6.0%	47.6%	36.8%	4.085	15.989
居民受教育水平	0.6%	2.4%	10.7%	58.9%	27.4%	4.101	2.4%	3.0%	4.2%	45.2%	45.2%	4.278	17.544
与外界的文化交流	0	4.2%	23.1%	55.4%	17.3%	3.861	1.2%	3.6%	14.8%	52.4%	28.0%	4.027	15.548
对文化活动的需求	0.3%	3.0%	12.4%	68.2%	16.1%	3.971	0.3%	4.8%	15.4%	53.9%	25.6%	4.000	15.884
社交活动	1.5%	3.6%	15.7%	63.7%	15.5%	3.884	1.8%	3.0%	14.2%	53.0%	28.0%	4.027	15.641
文化优越感	1.8%	1.2%	23.8%	58.3%	14.9%	3.833	2.4%	1.2%	17.8%	51.8%	26.8%	3.997	15.321
传统建筑及历史遗迹	18.8%	43.8%	9.4%	25.0%	3.0%	2.499	4.8%	22.6%	15.5%	48.8%	8.3%	3.332	8.327
民族风俗/节庆	4.2%	47.6%	16.7%	25.0%	6.5%	2.820	3.6%	16.1%	20.8%	39.3%	20.2%	3.564	10.050
居民的生活方式	0.6%	10.1%	11.3%	61.3%	6.7%	3.834	0.9%	4.2%	6.5%	54.5%	33.9%	4.163	15.961
历史文化展览	3.0%	15.5%	47.6%	22.0%	11.9%	3.243	2.7%	11.9%	35.4%	34.5%	15.5%	3.482	11.292
文化商品化	0.9%	11.9%	15.8%	59.5%	11.9%	3.696	2.7%	7.1%	21.8%	50.6%	17.9%	3.739	13.819
虚假民俗文化	6.9%	14.9%	38.4%	32.7%	7.1%	3.182	8.9%	8.3%	35.8%	35.7%	11.3%	3.319	10.561
使用外地语言的频率	2.1%	3.0%	26.5%	59.5%	8.9%	3.701	1.8%	2.4%	25.0%	57.1%	13.7%	3.785	14.008
居民的好客程度	1.5%	1.8%	8.3%	71.7%	16.7%	4.003	1.2%	3.0%	4.1%	53.0%	38.7%	4.253	17.025
居民的文明礼仪	1.5%	3.0%	8.3%	68.2%	19.0%	4.002	1.2%	4.2%	3.0%	55.4%	36.2%	4.217	16.876
居民的法制观念	2.4%	13.7%	45.2%	26.2%	12.5%	3.327	1.8%	1.2%	3.5%	54.8%	38.7%	4.277	14.230
居民的道德水平	6.6%	14.3%	17.8%	53.6%	7.7%	3.418	2.1%	2.4%	4.1%	56.3%	35.1%	4.202	14.362
居民的民族信仰	2.4%	13.7%	45.2%	26.2%	12.5%	3.327	1.8%	1.8%	33.9%	41.7%	20.8%	3.779	12.573

续表

指标	对变化程度的感知					感知 (D_j)	接受程度					偏好 (E_j)	态度值 (RA_j)
	极大减少	减少	无变化	增加	极大增加		很难接受	难接受	无所谓	能接受	乐意接受		
公共设施及其利用	6.6%	14.3%	17.8%	53.6%	7.7%	3.418	10.7%	16.1%	10.1%	35.7%	27.4%	3.530	12.066
社区拥挤程度	1.6%	10.7%	19.9%	58.9%	8.9%	3.627	2.7%	17.9%	13.3%	41.1%	25.0%	3.681	13.351
物价水平	2.4%	16.1%	6.0%	57.1%	18.4%	3.735	16.4%	26.5%	18.5%	32.1%	6.5%	2.858	10.675
贫富差距	3.9%	19.7%	22.2%	46.4%	7.8%	3.341	14.0%	17.3%	25.2%	37.5%	6.0%	3.045	10.173
交通便利性	1.5%	1.2%	12.2%	75.6%	9.5%	3.904	3.0%	6.5%	7.1%	45.9%	37.5%	4.084	15.944
家庭矛盾	2.1%	20.8%	37.1%	37.5%	2.5%	3.173	3.0%	8.3%	23.2%	48.8%	16.7%	3.679	11.673
邻里关系	0.6%	19.0%	31.6%	44.6%	4.2%	3.328	1.2%	8.3%	19.6%	54.2%	16.7%	3.772	12.553
与周边区域关系	1.5%	22.6%	27.7%	44.0%	4.2%	3.268	0.9%	13.7%	18.1%	51.8%	15.5%	3.676	12.013
外来经营者数量	1.8%	3.0%	2.3%	70.3%	22.6%	4.092	3.9%	20.2%	17.0%	42.9%	16.0%	3.474	14.216
社会治安	5.1%	8.9%	25.3%	50.0%	10.7%	3.523	7.2%	5.4%	15.4%	43.5%	28.5%	3.815	13.440
赌博减少	13.1%	27.4%	28.6%	23.8%	7.1%	3.156	12.8%	11.3%	18.8%	36.3%	20.8%	3.410	10.762
犯罪率减少	16.1%	29.1%	31.0%	18.5%	5.3%	3.315	12.8%	6.0%	18.2%	38.7%	24.3%	3.562	11.808
均值						3.593						3.817	13.789

对表4-3的计算结果分析如下。

（1）居民对旅游开发后的文化变化的态度倾向于接受。表中35个指标项除"传统建筑及历史遗迹"一个指标的态度值在9以下外，其余均在9以上，35个指标平均达到13.789。表明居民对旅游发展后社区的社会文化事项变化总体态度是可以接纳，甚至对部分变化是相当欢迎的。例如，居民受教育水平、居民的好客程度、居民的文明礼仪、本地形象、居民自豪感、妇女地位等方面的变化受普遍欢迎。

（2）居民对旅游地社会文化变化有较高的承受能力。从测量结果看，35个指标都有不同程度的变化，所有社会文化指标变化程度的均值为3.593，总体低于居民对社区社会文化变化的承受能力均值3.817。说明社区居民对旅游开发后当地社会文化的变化具有较好的认同度且能够接受。

（3）居民对某些负面效应因素接受程度低。在35个指标中，有32个指标项的"接受程度"大于"变化程度"，唯独贫富差距、物价水平和外来经营者数量3个指标是"变化程度"低于居民对变化的"接受程度"，这应引起地方政府及旅游主管部门的必要关注。

（4）居民对部分指标变化的接受程度低。传统建筑及历史遗迹、民族风俗/节庆、虚假民俗文化、历史文化展览等指标的态度值分列各项指标从高到低排名的最后几位,说明旅游地居民对传统文化符号的衰落不满。

三、模糊综合评价结果及分析

(一)旅游地社会文化变化程度的综合评估

(1)确定评价指标集。前文已经明确了旅游社会文化影响的评价体系,将其指标按照评价指标体系转化为目标层、准则层和指标层。指标层是用于具体的测量问题,是整个评价指标集的基础,测量准确与否将直接影响评价结果。具体如表4-4所示。

表4-4　居民对旅游社会文化影响变化程度感知的综合评价体系

目标层	准则层(a_i)	指标层(a_{ij})
旅游社会文化影响	社会文化发展因子(a_1)	妇女地位(a_{11})
		本地人地位(a_{12})
		本地形象(a_{13})
		居民自豪感(a_{14})
		居民文娱活动/设施(a_{15})
		居民的健康状况(a_{16})
		居民受教育水平(a_{17})
		与外界的文化交流(a_{18})
		对文化活动的需求(a_{19})
		社交活动(a_{110})
		文化优越感(a_{111})
	文化因子(a_2)	传统建筑及历史遗迹(a_{21})
		民族风俗/节庆(a_{22})
		居民的生活方式(a_{23})
		历史文化展览(a_{24})
		文化商品化(a_{25})
		虚假民俗文化(a_{26})
		使用外地语言的频率(a_{27})
		居民的好客程度(a_{28})
		居民的文明礼仪(a_{29})
		居民的法制观念(a_{210})
		居民的道德水平(a_{211})
		居民的民族信仰(a_{212})

续表

目标层	准则层（a_i）	指标层（a_{ij}）
旅游社会文化影响	社会因子（a_3）	公共设施及其利用（a_{31}）
		社区拥挤程度（a_{32}）
		物价水平（a_{33}）
		贫富差距（a_{34}）
		交通便利性（a_{35}）
		家庭矛盾（a_{36}）
		邻里关系（a_{37}）
		与周边区域关系（a_{38}）
		外来经营者数量（a_{39}）
		社会治安（a_{310}）
		赌博（a_{311}）
		犯罪率（a_{312}）

（2）建立评价指标的评语集。根据评价对象的性质，将评价指标集确定为

$V = \{v_1, v_2, v_3, v_4, v_5\} = \{极大减少，减少，无变化，增加，极大增加\}$

对每个子因素分别做出综合评价。以上指标在具体评价时将定性指标分成不同的水平等级，并给出统一的标准分值，如表4-5所示。

表4-5 评价指标标准分值

等级	定性指标	评语集
1	1	极大减少
2	3	减少
3	4	无变化
4	5	增加
5	9	极大增加

（3）确定评价指标体系权重集。权重系数确定常用德尔菲法、层次分析法。本书采用层次分析法来确定评价因素的权重系数。层次分析法是通过指标比较定出各自的相对重要程度。由于是从居民的视角进行评价，因此权重是通过对居民的问卷调查确定的，并非通过旅游专家确定，并且是通过一次性检验来确定权数是否合适。表4-6是权重的计算结果，表中权重值均有CR（consistent ratio，一致性比率）<0.1，即均通过一致性检验。

表 4-6 评价指标体系权重

目标层	准则层（a_i）	指标层（a_{ij}）
旅游社会文化影响	社会文化发展因子（a_1=0.30）	妇女地位（a_{11}=0.091）
		本地人地位（a_{12}=0.091）
		本地形象（a_{13}=0.091）
		居民自豪感（a_{14}=0.091）
		居民文娱活动/设施（a_{15}=0.091）
		居民的健康状况（a_{16}=0.091）
		居民受教育水平（a_{17}=0.091）
		与外界的文化交流（a_{18}=0.091）
		对文化活动的需求（a_{19}=0.091）
		社交活动（a_{110}=0.091）
		文化优越感（a_{111}=0.091）
	文化因子（a_2=0.30）	传统建筑及历史遗迹（a_{21}=0.083）
		民族风俗/节庆（a_{22}=0.083）
		居民的生活方式（a_{23}=0.083）
		历史文化展览（a_{24}=0.083）
		文化商品化（a_{25}=0.083）
		虚假民俗文化（a_{26}=0.083）
		使用外地语言的频率（a_{27}=0.083）
		居民的好客程度（a_{28}=0.083）
		居民的文明礼仪（a_{29}=0.083）
		居民的法制观念（a_{210}=0.083）
		居民的道德水平（a_{211}=0.083）
		居民的民族信仰（a_{212}=0.083）
	社会因子（a_3=0.40）	公共设施及其利用（a_{31}=0.083）
		社区拥挤程度（a_{32}=0.083）
		物价水平（a_{33}=0.083）
		贫富差距（a_{34}=0.083）
		交通便利性（a_{35}=0.083）
		家庭矛盾（a_{36}=0.083）
		邻里关系（a_{37}=0.083）
		与周边区域关系（a_{38}=0.083）
		外来经营者数量（a_{39}=0.083）
		社会治安（a_{310}=0.083）
		赌博（a_{311}=0.083）
		犯罪率（a_{312}=0.083）

依据表4-6，得出权重集 A。

$A = (0.30, 0.30, 0.40)$

$A_1 = (0.091, 0.091, 0.091, 0.091, 0.091, 0.091, 0.091, 0.091, 0.091, 0.091, 0.091)$

A_2 =（0.083,0.083,0.083,0.083,0.083,0.083,0.083,0.083,0.083,0.083,0.083, 0.083）

A_3 =（0.083,0.083,0.083,0.083,0.083,0.083,0.083,0.083,0.083,0.083,0.083, 0.083）

其中，A 表示一级指标权重集；A_1、A_2 和 A_3 表示二级指标权重集。

（4）确定指标评价矩阵 R。根据式（4-7）和式（4-8）评价指标体系的标准分值及评语集对旅游地各个指标进行评价，得到模糊评价矩阵 R。

$$R = \begin{bmatrix} B_1 \\ B_2 \\ B_3 \end{bmatrix}$$

$$R_1 = \begin{bmatrix} 0.015 & 0.000 & 0.307 & 0.440 & 0.238 \\ 0.012 & 0.018 & 0.280 & 0.488 & 0.202 \\ 0.006 & 0.018 & 0.154 & 0.661 & 0.161 \\ 0.000 & 0.006 & 0.196 & 0.637 & 0.161 \\ 0.000 & 0.089 & 0.333 & 0.446 & 0.132 \\ 0.012 & 0.060 & 0.106 & 0.649 & 0.173 \\ 0.006 & 0.024 & 0.107 & 0.589 & 0.274 \\ 0.000 & 0.042 & 0.231 & 0.554 & 0.173 \\ 0.003 & 0.030 & 0.124 & 0.682 & 0.161 \\ 0.015 & 0.036 & 0.157 & 0.637 & 0.155 \\ 0.018 & 0.012 & 0.238 & 0.583 & 0.149 \end{bmatrix}$$

$$R_2 = \begin{bmatrix} 0.188 & 0.438 & 0.094 & 0.250 & 0.030 \\ 0.042 & 0.476 & 0.167 & 0.250 & 0.065 \\ 0.006 & 0.101 & 0.113 & 0.613 & 0.167 \\ 0.030 & 0.155 & 0.476 & 0.220 & 0.119 \\ 0.009 & 0.119 & 0.158 & 0.595 & 0.119 \\ 0.069 & 0.149 & 0.384 & 0.327 & 0.071 \\ 0.021 & 0.030 & 0.265 & 0.595 & 0.089 \\ 0.015 & 0.018 & 0.083 & 0.717 & 0.167 \\ 0.015 & 0.030 & 0.083 & 0.682 & 0.190 \\ 0.024 & 0.137 & 0.452 & 0.262 & 0.125 \\ 0.066 & 0.143 & 0.178 & 0.536 & 0.077 \\ 0.024 & 0.137 & 0.452 & 0.262 & 0.125 \end{bmatrix}$$

$$R_3 = \begin{bmatrix} 0.066 & 0.143 & 0.178 & 0.536 & 0.077 \\ 0.016 & 0.107 & 0.199 & 0.589 & 0.089 \\ 0.024 & 0.161 & 0.060 & 0.571 & 0.184 \\ 0.039 & 0.197 & 0.222 & 0.464 & 0.078 \\ 0.015 & 0.012 & 0.122 & 0.756 & 0.095 \\ 0.021 & 0.208 & 0.371 & 0.375 & 0.025 \\ 0.006 & 0.190 & 0.316 & 0.446 & 0.042 \\ 0.015 & 0.226 & 0.277 & 0.440 & 0.042 \\ 0.018 & 0.030 & 0.023 & 0.703 & 0.226 \\ 0.051 & 0.089 & 0.253 & 0.500 & 0.107 \\ 0.131 & 0.274 & 0.286 & 0.238 & 0.071 \\ 0.161 & 0.291 & 0.310 & 0.185 & 0.053 \end{bmatrix}$$

其中，R 表示一级指标评价等级矩阵；R_1、R_2 和 R_3 表示二级指标评价等级矩阵。上述权重值均有 CR＜0.1，通过一致性检验。

（5）模糊综合评价。在模糊综合评价时，先对二级指标进行模糊综合评价，得出 B_1、B_2 和 B_3；然后再对一级指标进行模糊综合评价。此处均采用模糊算子 $M(\circ, \oplus)$。

首先，进行二级指标模糊综合评价。

$B_1 = A_1 \circ R_1$
$= (0.091 \ 0.091 \ 0.091 \ 0.091 \ 0.091 \ 0.091 \ 0.091 \ 0.091 \ 0.091 \ 0.091 \ 0.091) \circ R_1$
$= (0.008 \ 0.030 \ 0.204 \ 0.579 \ 0.180)$

同理可得

$B_2 = (0.029 \ 0.136 \ 0.256 \ 0.460 \ 0.120)$
$B_3 = (0.045 \ 0.162 \ 0.222 \ 0.479 \ 0.092)$

则有

$$R = \begin{bmatrix} 0.008 & 0.030 & 0.204 & 0.579 & 0.180 \\ 0.029 & 0.136 & 0.256 & 0.460 & 0.120 \\ 0.045 & 0.162 & 0.222 & 0.479 & 0.092 \end{bmatrix}$$

其次，进行一级指标模糊综合评价。

$B = A \circ R$
$= (0.032 \ 0.128 \ 0.252 \ 0.549 \ 0.139)$

最后，根据最大隶属原则，广西龙脊平安寨的社区居民对社区社会文化变化程度的综合感知为 v_4，即"增加"。其评价结果与实地问卷调研和访谈的结果相符,表明旅游地社会文化在旅游开发后总体上发生了变化且变化的总体方向是朝着正面的方向发展,即总体上呈现正面效应。

(二)目的地居民对社会文化变化的接受程度综合评估

(1)确定评价指标集。同前文居民对社区社会文化变化感知评价的方法,首先确定居民接受程度评价的指标,具体如表4-7所示。

表4-7 居民对旅游社会文化影响接受程度的评价体系

目标层	准则层(a_i)	指标层(a_{ij})
旅游社会文化影响	社会文化发展因子(a_1)	妇女地位(a_{11})
		本地人地位(a_{12})
		本地形象(a_{13})
		居民自豪感(a_{14})
		居民文娱活动/设施(a_{15})
		居民的健康状况(a_{16})
		居民受教育水平(a_{17})
		与外界的文化交流(a_{18})
		对文化活动的需求(a_{19})
		社交活动(a_{110})
		文化优越感(a_{111})
	文化因子(a_2)	传统建筑及历史遗迹(a_{21})
		民族风俗/节庆(a_{22})
		居民的生活方式(a_{23})
		历史文化展览(a_{24})
		文化商品化(a_{25})
		虚假民俗文化(a_{26})
		使用外地语言的频率(a_{27})
		居民的好客程度(a_{28})
		居民的文明礼仪(a_{29})
		居民的法制观念(a_{210})
		居民的道德水平(a_{211})
		居民的民族信仰(a_{212})
	社会因子(a_3)	公共设施及其利用(a_{31})
		社区拥挤程度(a_{32})
		物价水平(a_{33})
		贫富差距(a_{34})
		交通便利性(a_{35})
		家庭矛盾(a_{36})
		邻里关系(a_{37})

续表

目标层	准则层（a_i）	指标层（a_{ij}）
旅游社会文化影响	社会因子（a_3）	与周边区域关系（a_{38}）
		外来经营者数量（a_{39}）
		社会治安（a_{310}）
		赌博（a_{311}）
		犯罪率（a_{312}）

（2）建立评价指标的评语集。根据评价对象的性质，将评价指标集确定为：

$V = \{v_1, v_2, v_3, v_4, v_5\}$ = {很难接受，难接受，无所谓，能接受，乐意接受}

对每个子因素分别做出综合评价。以上指标在具体评价时将定性指标分成不同的水平等级，并给出统一的标准分值，如表4-8所示。

表4-8 评价指标的标准分值

等级	定性指标	评语集
1	1	很难接受
2	3	难接受
3	4	无所谓
4	5	能接受
5	9	乐意接受

（3）确定评价指标体系权重集。权重是通过对居民的问卷调查确定的，并非通过旅游专家确定的，并且通过一次性检验来确定权数是否合适。表4-9是权重的计算结果，表中权重值均有CR<0.1，即均通过一致性检验。

表4-9 评价指标体系的权重

目标层	准则层（a_i）	指标层（a_{ij}）
旅游社会文化影响	社会文化发展因子（a_1=0.30）	妇女地位（a_{11}=0.091）
		本地人地位（a_{12}=0.091）
		本地形象（a_{13}=0.091）
		居民自豪感（a_{14}=0.091）
		居民文娱活动/设施（a_{15}=0.091）
		居民的健康状况（a_{16}=0.091）
		居民受教育水平（a_{17}=0.091）
		与外界的文化交流（a_{18}=0.091）
		对文化活动的需求（a_{19}=0.091）

续表

目标层	准则层（a_i）	指标层（a_{ij}）
旅游社会文化影响	社会文化发展因子（a_1=0.30）	社交活动（a_{110}=0.091）
		文化优越感（a_{111}=0.091）
	文化因子（a_2=0.30）	传统建筑及历史遗迹（a_{21}=0.083）
		民族风俗/节庆（a_{22}=0.083）
		居民的生活方式（a_{23}=0.083）
		历史文化展览（a_{24}=0.083）
		文化商品化（a_{25}=0.083）
		虚假民俗文化（a_{26}=0.083）
		使用外地语言的频率（a_{27}=0.083）
		居民的好客程度（a_{28}=0.083）
		居民的文明礼仪（a_{29}=0.083）
		居民的法制观念（a_{210}=0.083）
		居民的道德水平（a_{211}=0.083）
		居民的民族信仰（a_{212}=0.083）
	社会因子（a_3=0.40）	公共设施及其利用（a_{31}=0.083）
		社区拥挤程度（a_{32}=0.083）
		物价水平（a_{33}=0.083）
		贫富差距（a_{34}=0.083）
		交通便利性（a_{35}=0.083）
		家庭矛盾（a_{36}=0.083）
		邻里关系（a_{37}=0.083）
		与周边区域关系（a_{38}=0.083）
		外来经营者数量（a_{39}=0.083）
		社会治安（a_{310}=0.083）
		赌博（a_{311}=0.083）
		犯罪率（a_{312}=0.083）

依据表4-6，得出权重集 A。

$A = (0.30, 0.30, 0.40)$

$A_1 = (0.091, 0.091, 0.091, 0.091, 0.091, 0.091, 0.091, 0.091, 0.091, 0.091, 0.091)$

$A_2 = (0.083, 0.083, 0.083, 0.083, 0.083, 0.083, 0.083, 0.083, 0.083, 0.083, 0.083, 0.083)$

A_3 =（0.083,0.083,0.083,0.083,0.083,0.083,0.083,0.083,0.083,0.083,0.083,0.083）

其中，A 表示一级指标权重集，A_1、A_2 和 A_3 表示二级指标权重集。

（4）确定指标评价矩阵 R。按上述评价指标体系的标准分值及评语集对旅游地各个指标进行评价，得到模糊评价矩阵 R。

$$R = \begin{vmatrix} B_1 \\ B_2 \\ B_3 \end{vmatrix}$$

$$R_1 = \begin{vmatrix} 0.000 & 0.027 & 0.119 & 0.509 & 0.345 \\ 0.015 & 0.024 & 0.101 & 0.509 & 0.351 \\ 0.024 & 0.012 & 0.072 & 0.571 & 0.321 \\ 0.006 & 0.018 & 0.124 & 0.554 & 0.298 \\ 0.021 & 0.083 & 0.187 & 0.429 & 0.280 \\ 0.036 & 0.060 & 0.060 & 0.476 & 0.368 \\ 0.024 & 0.030 & 0.042 & 0.452 & 0.452 \\ 0.012 & 0.036 & 0.148 & 0.524 & 0.280 \\ 0.003 & 0.048 & 0.154 & 0.539 & 0.256 \\ 0.018 & 0.030 & 0.142 & 0.530 & 0.280 \\ 0.024 & 0.012 & 0.178 & 0.518 & 0.268 \end{vmatrix}$$

$$R_2 = \begin{vmatrix} 0.048 & 0.226 & 0.155 & 0.488 & 0.083 \\ 0.036 & 0.161 & 0.208 & 0.393 & 0.202 \\ 0.009 & 0.042 & 0.065 & 0.545 & 0.339 \\ 0.027 & 0.119 & 0.354 & 0.345 & 0.155 \\ 0.027 & 0.071 & 0.217 & 0.506 & 0.179 \\ 0.089 & 0.083 & 0.358 & 0.357 & 0.113 \\ 0.018 & 0.024 & 0.250 & 0.571 & 0.137 \\ 0.012 & 0.030 & 0.041 & 0.530 & 0.387 \\ 0.012 & 0.042 & 0.030 & 0.554 & 0.362 \\ 0.018 & 0.012 & 0.035 & 0.548 & 0.387 \\ 0.021 & 0.024 & 0.041 & 0.563 & 0.351 \\ 0.018 & 0.018 & 0.339 & 0.417 & 0.208 \end{vmatrix}$$

$$R_3 = \begin{vmatrix} 0.107 & 0.161 & 0.101 & 0.357 & 0.274 \\ 0.027 & 0.179 & 0.133 & 0.411 & 0.250 \\ 0.164 & 0.265 & 0.185 & 0.321 & 0.065 \\ 0.140 & 0.173 & 0.252 & 0.375 & 0.060 \\ 0.030 & 0.065 & 0.071 & 0.459 & 0.375 \\ 0.030 & 0.083 & 0.232 & 0.488 & 0.167 \\ 0.012 & 0.083 & 0.196 & 0.542 & 0.167 \\ 0.009 & 0.137 & 0.181 & 0.518 & 0.155 \\ 0.039 & 0.202 & 0.170 & 0.429 & 0.160 \\ 0.072 & 0.054 & 0.154 & 0.435 & 0.285 \\ 0.128 & 0.113 & 0.188 & 0.363 & 0.208 \\ 0.128 & 0.060 & 0.182 & 0.387 & 0.243 \end{vmatrix}$$

其中，R 表示一级指标评价等级矩阵，R_1、R_2 和 R_3 表示二级指标评价等级矩阵。上述权重值均有 CR<0.1，通过一致性检验。

（5）模糊综合评价。在模糊综合评价时，先对二级指标进行模糊综合评价，得出 B_1、B_2 和 B_3；然后再对一级指标进行模糊综合评价。此处均采用模糊算子 $M(\circ,\oplus)$。

首先，进行二级指标模糊综合评价。

$B_1 = A_1 \circ R_1$
$= (0.091\ 0.091\ 0.091\ 0.091\ 0.091\ 0.091\ 0.091\ 0.091\ 0.091$
$\quad 0.091\ 0.091) \circ R_1$
$= (0.017\quad 0.035\quad 0.121\quad 0.511\quad 0.319)$

同理可得
$B_2 = (0.026\quad 0.057\quad 0.177\quad 0.485\quad 0.257)$
$B_3 = (0.071\quad 0.129\quad 0.177\quad 0.430\quad 0.195)$

则有
$$R = \begin{bmatrix} 0.017 & 0.035 & 0.121 & 0.511 & 0.319 \\ 0.026 & 0.057 & 0.177 & 0.485 & 0.257 \\ 0.071 & 0.129 & 0.177 & 0.430 & 0.195 \end{bmatrix}$$

其次，进行一级指标模糊综合评价。

$B = A \circ R$
$\quad = (0.044\quad 0.085\quad 0.178\quad 0.334\quad 0.359)$

最后，根据最大隶属原则，案例地社区居民对旅游开发后社会文化变化的接受程度是 v_5，即"乐意接受"。其评价结果与实地问卷调研和访谈结果相符，总体上表明旅游地居民能够承受旅游开发后所带来的社会文化变化。

（三）结果分析

通过案例地居民对开发旅游后社区社会文化的变化和对变化的接受程度的整体评价结果可知，社区居民对旅游开发后社会文化的变化总体上持肯定态度，也乐意接受这些变化。具体结论如下。

（1）旅游开发后目的地社会文化发生了整体变化。

（2）旅游地社会文化整体上朝正向发展变化，正效应大于负效应。

（3）社区居民对旅游开发后的社会文化发生的变化"乐意接受"。

（4）社区居民对旅游开发后的社会文化变化的接受程度高于感知。

综上，案例地旅游开发后的社会文化变化符合社会发展的基本方向，处于当地居民能够接受的范围内。

四、评价结果的综合分析

旅游社会文化影响的评价既要反映旅游开发后该区域社会文化的变化程度和方向，也要反映居民对变化的接受程度，为此本书确定了分项测量和综合评估两种评价模型。分项测量是对量表中的单项指标进行测量，主要测量旅游目的地社区社会文化的变化程度、变化方向和居民对变化的接受程度。综合评估是对整体指标的变化和居民总体对变化的接受程度的测量，是一个整体概念。通过分项测量发现以下内容。

（1）从社会文化因素的变化方面看：一是旅游社会文化影响发生了较大变化，正向变化大于负向变化。旅游开发形成了诸多有利影响，如妇女地位、本地人地位、本地形象、居民自豪感、居民的健康状况、居民受教育水平、居民的法制观念、交通便利性、社会治安等的正向变化，以及赌博和犯罪率下降等正面影响。二是发展旅游给目的地文化带来了不利影响。外来经营者数量、社区拥挤程度、物价水平、文化商品化、贫富差距等负面指标的正向变化，传统建筑及历史遗迹、民族风俗/节庆等中性指标的负向变化，说明旅游开发后对社会文化事项有一定程度的破坏，社会风险增加。三是居民对产生负面影响的因素感知分歧大。四是居民对生活有了更高品质的要求。五是居民对部分指标感知不明显。对虚假民俗文化、家庭矛盾、邻里关系、与周边区域的关系感知不明显。

（2）从对社会文化因素的承受能力看：一是居民对旅游开发后的文化变化的态度倾向于接受。居民对社会文化事项的变化总体态度是可以接纳，甚至对部分变化是相当欢迎的。二是居民对旅游地社会文化变化有较高的承受能力。对当地社会文化的变化具有较高的认同度，并较能接受。三是居民对某些负效应因素接受程度低。贫富差距、物价水平和外来经营者数量三个指标是旅游社会文化影响调控的关键因素。四是居民对部分文化事项的变化的接受程度低。传统建筑及历史遗迹、民族风俗/节庆、虚假民俗文化等因素变化程度较大，居民对传统文化符号的衰落不满。

（3）从整体评估结果看，居民对旅游开发后的社区社会文化变化和对变化的接受程度总体上是持肯定态度的，也乐意接受这些变化。从案例地的情况看，目的地社区社会文化变化符合社会发展的基本方向，并处于当地居民能够接受的范围内。

第五章 基于结构方程模型的旅游社会文化影响机制分析

社区居民是否参与旅游经营活动会直接影响其对旅游社会文化影响的感知。基于对历史逻辑和物质第一性原理的认识，如果要剖析旅游社会文化影响的内在机制，就需要到社区居民及其经济生活中去。本书将社区居民参与旅游经营程度、旅游收入及成本感知等因素引入结构方程模型，构建目的地社区居民旅游社会文化影响机制的分析模型，通过实地调研和数据采集对模型进行了验证。

第一节 结构方程模型的引入

一、数据收集

第一章中已有提及在旅游社会文化影响的定量研究中，国内外均有学者尝试将结构方程模型引入定量分析以探索各因素之间的相关性。例如，戴林琳和盖世杰的研究成果《基于结构方程模型的乡村节事及节事旅游影响的居民感知研究——以北京长哨营村为例》。本书在对旅游地居民问卷调查和深度访谈基础上构建了相应的模型，在广西龙脊平安寨和金坑获取了一手调研数据，对模型进行了验证。调查样本的具体情况请参见表3-5。

二、结构方程模型引入

结构方程模型是一种建立、估计和检验因果关系模型的方法，其目的在于探讨多个观测变量与潜在变量之间，以及潜在变量与潜在变量之间的关系及其强度，常被应用到居民和游客的感知，以及满意度等旅游问题的研究中。它是对验证性因子分析、路径分析、多元回归及方差分析等方法的综合运用和改进。相对于传统的统计方法，结构方程模型是一种可以将测量与分析整合为一的计量研究技术。它可以同时估计模型中的测量指标、潜在变量，可以估计测量过程中指标变量的测量误差，也可以评估测量的信度与效度。具体应用主要是针对现实问题，构建包含观测变量及潜在变量的初始假设模型，通过数据拟合检验初始假设模型是否成立，通过对模型反复修正验证假设变量间相互作用的路径指向及其路径系数数值。

从居民感知的视角，在居民参与度、影响感知（正效应感知和负效应感知）和支持程度等变量之间建构结构方程模型概念模型，并在社会文化影响测量基础上根据深度访谈收集的信息，提出旅游发展与居民态度、感知等因素的关系假设，可以深入探讨关联变量之间的影响因素。这也是对结构方程模型在旅游影响研究领域的应用拓展。

第二节　模型建构及基本假设

一、模型建构

20世纪90年代以来，结构方程方法逐步被应用到游客服务感知、旅游开发中的居民感知，以及游客满意度等旅游问题的研究中。Long 等（1990）建立了乡村居民的旅游影响感知与对旅游支持度之间的关系模型，Yoon 等（2001）建立了旅游经济、社会、文化和环境影响与当地居民支持旅游发展态度的关系模型，Dong 和 Stewart（2002）建立了居民的旅游影响感知与居民对东道主社区态度之间的关系模型，Dyer 等（2007）、Vargas-Sánchez 等（2011）等均应用结构方程模型对旅游发展与社区关系进行了研究。其中，Lepp（2008）在研究乡村居民对社区旅游开发的态度时，明确提出了"居民参与旅游发展""获得旅游发展受益""促进社区发展"三个因素是影响居民态度的主要原因。戴林琳和盖世杰（2011a）在此基础上，对乡村节事及节事旅游影响的居民感知进行了研究，证实了旅游开发中居民"参与度—影响感知—支持度"三者之间存在着密切的关联作用。可见，居民是社区旅游发展的关键因素。在目的地社区存在居民参与度、社会文化影响感知及其对社区旅游发展态度的关联作用和影响机制。

二、基本假设

结合对案例地居民、游客及旅游从业人员的深度访谈，可尝试从居民感知的视角构建能够体现居民参与度、社会文化影响感知（正效应感知、负效应感知）和旅游发展态度等变量之间相互作用的结构方程模型，对旅游发展与当地居民态度与感知间的相互作用机制提出假设，并进行验证性分析。本书尝试建立了一个综合的居民感知结构方程模型，包括四个潜在变量和五条路径假设，如图 5-1 所示。结构方程模型将社会文化正效应视为社会收益，负效应视为社会成本，潜在变量包括参与度、社会收益感知、社会成本感知和对旅游开发的支持度。每个潜在变量分别对应相应的观测变量，路径系数的正负值表示路径两端潜在变量的正负相关性。五条路径假设分别如下。

H1：居民在旅游业中的参与度与居民对社会收益的感知有显著的正向影响。

H2：居民在旅游业中的参与度与居民对社会成本的感知有显著的负向影响。

H3：居民对社会收益的感知与居民对旅游开发的支持度有显著的正向影响。

H4：居民对社会成本的感知与居民对旅游开发的支持度有显著的正向影响。

H5：居民在旅游业中的参与度与居民对旅游开发的支持度有显著正向影响。

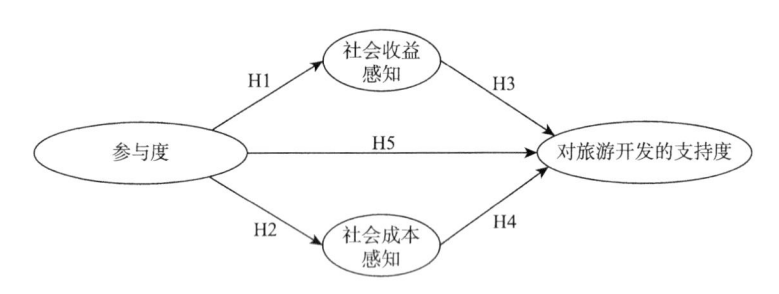

图 5-1 居民感知结构方程模型路径图

第三节 探索性因子分析

一、效度检验

采用 KMO 和巴特利特球形检验来检测测量项目的效度。运用正式量表中的 35 个指标进行 KMO 及巴特利特球形检验，KMO 为 0.758，巴特利特球形检验值为 5228.53，p（Sig.=0.000）< 0.05，适合做因子分析。

二、探索性因子分析结果

采用正交旋转法,提取 4 个公因子,其特征值大于 1,因子载荷大于 0.4,累计方差贡献率为 57.15%,如表 5-1 所示。

表 5-1 旅游社会文化影响测量量表探索性因子分析(35 个指标)

公因子		代号	观测变量	因子载荷	特征值	贡献率
F1 社会文化 发展因子 (11)		SE	妇女地位	0.608	7.029	20.083%
		SF	本地人地位	0.621		
		GA	本地形象	0.709		
		GB	居民自豪感	0.726		
		GC	居民文娱活动/设施	0.561		
		GE	居民的健康状况	0.553		
		GF	居民受教育水平	0.557		
		NC	与外界的文化交流	0.706		
		ND	对文化活动的需求	0.661		
		NE	社交活动	0.806		
		NF	文化优越感	0.703		
F2 文化 因子 (12)	A 类 因子	WA	传统建筑及历史遗迹	0.709	3.331	13.516%
		WE	民族风俗/节庆	0.690		
		WF	居民的生活方式	0.505		
		NA	历史文化展览	0.791		
		NG	文化商品化	0.811		
		NH	虚假民俗文化	0.761		
	B 类 因子	WC	使用外地语言的频率	0.274	2.739	9.826%
		WG	居民的好客程度	0.749		
		WH	居民的文明礼仪	0.640		
		WI	居民的法制观念	0.713		
		WJ	居民的道德水平	0.765		
		WK	居民的民族信仰	0.612		
F3 社会 因子 (12)	A 类 因子	HA	公共设施及其利用	0.711	2.436	7.960%
		HC	社区拥挤程度	0.545		
		HE	物价水平	0.707		
		HF	贫富差距	0.606		
		HB	交通便利性	0.621		

续表

公因子		代号	观测变量	因子载荷	特征值	贡献率
F3 社会因子（12）	B类因子	SA	家庭矛盾	0.779	1.453	5.765%
		SB	邻里关系	0.749		
		SC	与周边区域关系	0.654		
		SD	外来经营者数量	0.554		
		HD	社会治安	0.532		
		HG	赌博	0.839		
		HH	犯罪率	0.874		

第四节 假设检验

一、基本分析

对调研数据做信度分析，结果表明 α 系数为 0.851，说明问卷具有较好的可靠性和稳定性。效度分析得到 KMO 统计量值为 0.758，巴特利特球形

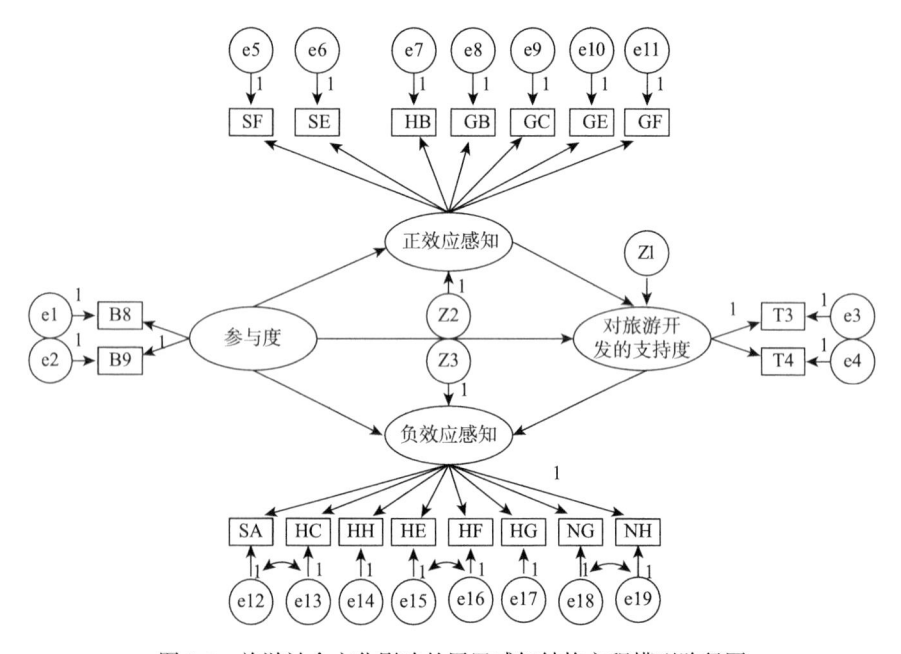

图 5-2 旅游社会文化影响的居民感知结构方程模型路径图

①路径图中，正效应感知的观测变量 SF、SE、HB、GB、GC、GE 和 GF 分别与表 5-1 中的观测变量对应，负效应感知同上。对旅游开发的支持度的观测变量为"对本村发展旅游的总体态度"（T3）和"对本村社会文化变化的总体看法"（T4），可参见附录 3 相关题项。参与度的观测变量分别为"家庭年旅游收入"（B8）和"参与旅游经营的时长"（B9），可参见附录 3 相关题项。②e_1~e_{19} 分别代表 19 个观测变量的测量误差。Z1~Z3 是潜在变量的测量误差。③图中的"1"是将所有观测变量的因素负荷设定为 1

检验的 p 值为 0.000，说明研究数据具有良好的收敛效度。将图 5-1 的模型假设进行细化，调整后的居民感知结构方程模型如图 5-2 所示。采取 Amos20.0 软件计算所有潜在变量及其对应的基础实测变量数据进行假设模型验证和关联路径分析，并采用最大似然估计法（maximum likelihood estimate，MLE）对模型中的参数进行估计。

二、假设验证

对细化后的结构方程模型进行拟合度分析。采用卡方与自由度比值（chi square freedom ratio Cmin / degrees of freedom，CMIN/df）、拟合优度指数（goodness of fit index，GFI）、近似误差均方根（root mean square error of approximation，RMSEA）、残差均方根（root of the mean square residual，RMSR）、调整的拟合优度指数（adjusted goodness of fit index，AGFI）、比较拟合指数（comparative fit index，CFI）、增量拟合指数（incremental fit index，IFI）、常规拟合指数（normal of fit index，NFI）、省检性指标（parsimony normed fit index，PNFI）和简约拟合优度指数（parsimony goodness of fit index，PGFI），确定相应的拟合标准。拟合优度显示 CMIN 与 df 的比值（2.267）小于 3，RMSEA（0.087）小于 0.10，其余拟合指数也较为理想，可见模型的拟合度良好，保证了研究结果的有效和可信，模型拟合指标结果详见表 5-2。

表 5-2 模型拟合指标结果

整体模型拟合度	拟合指标	拟合标准	模型拟合指标结果
绝对拟合指数	CMIN/df	1~3	2.267
	GFI	大于 0.9	0.830
	RMSEA	小于 0.1	0.087
	RMSR	小于 0.05	0.070
相对拟合指数	AGFI	大于 0.9	0.776
	NFI	大于 0.9	0.730
	CFI	大于 0.9	0.824
	IFI	大于 0.9	0.829
简约拟合指数	PNFI	大于 0.50	0.615
	PGFI	大于 0.50	0.694

根据结构方程模型路径图的计算结果（图 5-3）进行各变量之间的关系验证。结果显示，基础实测变量和潜在变量之间的关系均通过 t 值检验，且在 $p<0.1$ 水平显著，说明各变量之间具有充分的收敛效度。

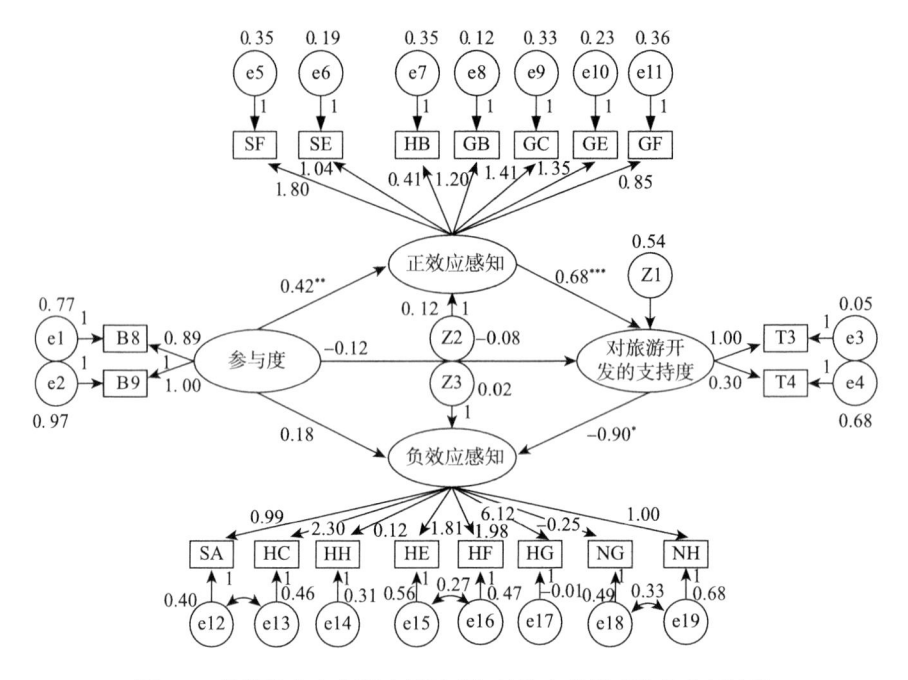

图 5-3　旅游社会文化影响居民感知结构方程模型路径分析结果
***表示在 0.001 的置信水平下显著，**表示在 0.01 的置信水平下显著，*表示在 0.05 的置信水平下显著

第五节　结　果　分　析

一、结果

结构方程模型的验证结果显示，H1、H3 得到验证，H4、H5 被拒绝，H2 与事实相反。具体标准化路径系数见图 5-3。

H1：$\beta=0.42$，检验总体通过。说明居民在旅游业中的参与度与居民对社会收益的感知之间存在显著的正相关性。这一结果与以往研究中获得的结论基本一致，居民在旅游发展中的参与度越深对旅游社会文化影响的正面效应感受也越深。结合深度访谈得到的信息，居民对旅游开发后的经济、社会、文化和环境方面的正效应感知，尤其是经济上的正效应感知是居民判断是否能从旅游经营中获益的重要标准。从实测变量来看，本地人地位、犯罪率、居民文娱活动/设施、居民的健康状况等指标感知明显，说明旅游开发后本地人的地位提升、居民文化活动/设施增加，居民的健康状况改善较为明显，犯罪率下降也较多，这与深度访谈的结果相一致。

H2：β=0.18，检验未通过。结果与假设相反，说明居民在旅游业中的参与度与居民对社会成本的感知之间不存在负相关性。恰恰相反，两者之间存在一定的正相关关系，即居民在社区的旅游开发中参与度越深，对旅游经济带来的社会文化负面影响感知也越深。居民从业时间越长、旅游经营收入越高，对旅游社会成本的感知越明显。这与我们日常所认为的社区居民从旅游中获益越多越忽视旅游的社会成本的认识刚好相反。这也从另一个角度说明，居民参与旅游经营程度越深，越明白只有更好地保护社区文化才能促进旅游业的长久发展。

H3：β=0.68，检验总体通过。说明居民的社会收益感知与居民对旅游开发的支持度存在显著的正相关关系，即居民感受到的旅游社会文化影响正面效应越大，对社区社会文化变化的接受程度越大，对其社会文化发展前景的预期越乐观。

H4：β=-0.90，检验未通过。说明居民对社会成本的感知与居民对旅游开发的支持度是负相关关系，即现阶段居民对旅游开发给社区带来的社会文化负面影响有一定感知，居民对旅游社会文化负面影响感知越强烈，对社区社会文化变化的接受程度越弱，对社会文化的发展前景越担忧。

H5：β=-0.12，检验未通过。结果与假设相反，说明居民在旅游业中的参与度与居民对旅游开发的支持度存在一定的负相关关系，即社区居民对旅游经营参与度越深，对社区社会文化的发展前景越担忧。这一结果与H2的假设检验结果相呼应，说明对旅游经营参与度越深的居民，越理解社区社会文化保护与和谐发展是遗产旅游存在和持续发展之根本。这表现出社区居民理性和成熟的一面。

二、主要结论

基于居民感知的结构方程模型定量分析了居民旅游经营参与度，居民对社区旅游社会文化的正、负面影响的感知，居民对旅游开发的支持度之间的相互关联程度，结构方程模型的整体拟合性能良好。

（一）旅游给社区社会文化造成了显著的正面影响和负面影响

将衡量旅游社会文化影响的35个指标进行正交旋转后提取公因子，很顺利地提取了社会成本感知和社会收益感知两个因子。所提取的两个公因子，特征值均大于1，各因子载荷大于0.4，累计方差贡献率为65.03%，满足60%的方差累积贡献率最低标准。说明从居民感知的视角看，社会文化影响存在居民价值判断中的"好"和"坏"两类。结果显示，本地人地位提升、居民文化活动/设施增加、居民的健康状况改善、犯罪率下降是最为突出的"好"处，社区拥挤程度增加、物价水平上升、贫富差距扩大、赌博增加和文化商品化是表现相对突出的"坏"处，这两种感知将影响居民对旅游发展的态度。

（二）居民参与旅游的程度与其对旅游开发的支持度存在负相关关系

通过结构方程模型分析，将参与度、居民对旅游社会文化影响感知（正效应感知和负效应感知）、居民对旅游开发的支持度之间的五项关联假设逐一验证。研究表明，居民在旅游发展中的参与度越深，对旅游社会文化影响的正面效应感知越明显；居民对旅游社会文化影响的正面效应感知越明显，则对社区社会文化的发展前景越乐观，对变化的承受程度也越强。同样，居民在旅游发展中参与度越深，对社区社会文化负面效应的感知也越明显。居民对旅游社会文化影响的负面效应感知越明显，则对社区社会文化的发展前景越担忧。这是社区旅游开发与文化保护的矛盾关系在居民感知视角的体现。这也是居民在利用社区民俗文化进行旅游经营时的矛盾心理的体现。一方面他们要充分利用民俗文化的工具价值发展旅游，从中获利，另一方面他们又深知，民俗文化的旅游利用将对文化带来破坏、影响旅游及文化发展的可持续性。反之，不参与或参与度不高的居民，则对社区社会文化的变化不敏感。

（三）居民旅游经营参与度越高，对社区社会文化发展的前景越担忧

通过结构方程模型方法，还发现社区居民的旅游参与度与其对社区社会文化发展的前景存在轻微负相关关系（$\beta=-0.12$），即社区居民的旅游参与度越深，对社区社会文化发展前景越担忧。表明社区居民对旅游发展与文化保护关系的认识不断加深。

（四）参与旅游经营的居民对旅游社会文化影响的正效应感知更显著

从模型路径系数看，居民旅游参与度与其社会文化影响的收益感知、成本感知的关联作用存在差异性。相对而言，参与旅游经营的居民对旅游社会收益的感知（也即正效应感知，$\beta=0.42$）大于对社会成本的感知（也即负效应感知，$\beta=0.18$）。即居民对旅游参与度越高，越倾向于感受到旅游开发所带来的社会文化正面效应，尽管他们对旅游发展所带来的社会文化负面影响有所感知，但程度相对较轻。

（五）参与旅游经营的居民对社区社会文化的发展前景偏向乐观

从模型路径系数看，居民对旅游社会文化影响的收益、成本感知与居民对社区文化发展的预期之间的关联作用存在差异性。参与旅游经营的居民虽对社区社会文化发展担忧，但相对而言，居民基于社会收益感知所带来的对社区文化发展前景的乐观预期（$\beta=0.68$），仍然强于居民对社会成本

感知所引起的社区文化发展前景的担忧（$\beta=-0.90$）。

本书通过运用结构方程模型对社区旅游开发中社会文化变化的机制进行了初步研究，从技术上验证了社区旅游开发中居民参与度、居民对旅游社会文化影响感知、居民对社会文化变化的承受能力，以及对未来旅游发展的预期之间的相关关系，取得了一些有益的结论。这些结论对社区旅游发展实践具有积极意义。

第六章 可持续发展框架下的旅游社会文化影响预警与调控

对目的地旅游社会文化影响进行预警及调控是社区治理能力提升可以借鉴的路径。本书将借鉴社会风险预警的理论及方法进行旅游对目的地社会文化影响的监测、预警及调控展开研究。

第一节 旅游社会文化影响的主要方面

一、对社会因素的影响

前文研究已表明，旅游对目的地社会因素的影响包括社会环境、社会结构、社会关系等多个方面，主要影响因素有社会治安、外来经营者数量、与周边区域关系、邻里关系、家庭矛盾、交通便利性、公共设施及其利用、社区拥挤程度、贫富差距、物价水平等。从量表测量结果看，上述因素在旅游开发后都发生变化。其一，社会治安、外来经营者数量、与周边区域关系、邻里关系、家庭矛盾、交通便利性、公共设施及其利用等7个中性项指标呈正向变化。具体表现为旅游开发改善了社会治安，外来经营者数量增加，与周边区域关系更为密切，邻里互动更为频繁，家庭关系更为文明，交通便利性和公共设施改善。交通和公共设施改善的正外部性显著。其二，犯罪率、赌博、社区拥挤程度、贫富差距、物价水平5个负面指标变化方向存在差异。其中，犯罪率和赌博呈反向变化，表明犯罪率下降、赌博活动减少，这是积极现象。社区拥挤程度、贫富差距、物价水平3个指标呈正向变化，表明旅游开发后社区拥挤程度增加，贫富差距加大，物价水平上升。尤其贫富差距加大、物价上升的负外部性显著，结合实地访谈的情况，上述情况也是引起居民对旅游开发不满的主要原因，没有从事旅游经营的社区居民对此反应更为强烈。这些不稳定因素的集聚会对社区长远发展带来不利影响，如何使旅游发展更具有普惠性，是旅游行政主管部门需要紧密关注的。

二、对文化因素的影响

旅游对目的地文化因素的影响是广泛的，既包括现代文化对传统文化的替代，推动旅游社区的社会文明进步，也包括传统文化在旅游开发后的复兴，唤起对包含更多非物质文化遗产在内的文化资源的挖掘和保护的自觉，当然还包括文化的过度商业化和庸俗化弊端。主要受影响的方面包括传统建筑及历史遗迹、民族风俗/节庆、居民的生活方式、历史文化展览、文化商品化、虚假民俗文化、使用外地语言的频率、居民的好客程度、居民的文明礼仪、居民的法制观念、居民的道德水平和居民的民族信仰等。从测量结果看，除传统建筑及历史遗迹、民族风俗/节庆两个指标反向变化外，其余指标均呈现正向变化。传统建筑及历史遗迹、民族风俗/节庆两个指标反向变化，说明旅游开发后目的地社区传统建筑及历史遗迹减少，传统民族文化和风情习俗减少。文化商品化、虚假民俗文化的正向变化，表明旅游开发后目的地社区在文化产品开发时过于重视经济效益，低俗、媚俗、庸俗等不良文化现象增加，受商业利益驱动的粗制滥造"民俗"增加。这些不良现象应当引起目的地的充分重视。

三、对社会文化发展因素的影响

旅游发展的社会文化发展因素主要是指旅游开发后对目的地社会文明的促进因素。具体包括旅游地开发后居民的社会文化生活领域的因素，如妇女地位、本地人地位、本地形象、居民自豪感、居民文娱活动/设施、居民的健康状况、居民受教育水平、与外界的文化交流、对文化活动的需求、社交活动和文化优越感等。从测量结果看，上述因素均呈现正向变化，除公共设施及利用的效应暂时不能确定外，其余各项指标的正向变化都对社区及其居民有利。

综合来看，居民对社区社会文化的变化能够准确感知且除少数指标外基本上都能接受。居民对少数指标的感知分歧较大，如传统建筑及历史遗迹、赌博、犯罪率、物价水平、贫富差距等。从防范社会风险、促进社区和谐和旅游发展公平来说，有必要对分歧较大的因素加以重视并通过一定的机制设计来予以改善。

第二节 旅游社会文化影响的预警体系构建

社会影响预警理论为旅游社会文化影响预警提供了理论依据。该理论框架起步于 20 世纪 70 年代，以英国学者齐舒姆为代表的区域社会研究学派，在《区域预测》一书中提出要从人类社会与生态环境的关系入手进行社会预警。20 世纪 80 年代，美国系统学派将 Agent 模型分析工具用于区域社会管理，在预警基础上实施全面的优化调控和管理决策，并为美国联邦政府优化决策所用。社会影响预警具有强烈的学科交叉性，与社会学、政治学、管理学、经济学、心理学，乃至自然科学中的气象学、环境科学和地理学相关，是社会发展理念由"以经济增长为中心"向"以人为核心的可持续发展"演变的结果。在我国 20 世纪 80 年代末逐步形成社会影响评价体系，在之后的重大项目建设时逐步启动了社会稳定风险评估。这些理论基础将为旅游社会文化预警体系构建提供借鉴。

一、旅游社会文化风险预警

"预警"一词本意是"事先警告，提醒被告知人警惕"。经济领域、气候气象的预测预报、粮食安全供给、饥荒预警、医疗、环境监测、工程地质及生态环境等多个领域都有预警研究。学者陈秋玲在其著述《社会风险预警研究》中提出，社会风险预警是依据对社会发展稳定状况的判断，按照社会系统整合关系的模型分析，对社会系统运行的安全质量和后果进行评价、预测和报警。其实质是对社会安全运行的稳定性程度进行评判，其目的和作用是识警防患，超前预控。

社会风险预警的对象主要是社会文化安全问题，包括宏观层面和微观层面。从社会文化安全的内涵看，主要包括社会文化发展质量、社会结构、社会稳定等和经济与社会的整体发展水平、发展要求的协调性问题，以及资源、环境的承受能力的适应性，是否能够实现可持续发展和全面发展等问题。图 6-1 反映了社会文化风险度与社会文化安全度之间的关系。

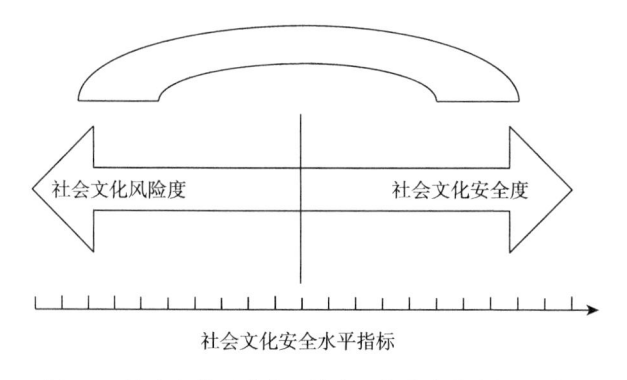

图 6-1 社会文化风险度和社会文化安全度之间的关系

旅游社会文化影响预警属于社会风险预警的范畴，是按照社会文化系统整合关系模型的分析，对旅游开发后目的地社会文化系统运行的安全质量和后果进行评估、预测和报警。其目的在于对旅游目的地的可持续发展进行评判以识警防患，超前预控。可再细分为社会风险预警和文化风险预警两个部分。

二、风险预警系统的概念模型

文献研究表明，国内外预警系统主要是从分析经济、社会、生态和政治的内在关系和关联效应，以及区域和国家不同层次管理的差异性，从定性、定量和定时的统一角度分析地区发展失衡预警机制所需要的要素、结构、功能和运行监测、警报和快速反应系统结构。从经济发展失衡、社会发展失衡、生态环境失衡、政治失衡和国际环境五个方面选择一套评价指标体系。我国学者陈秋玲（2010）曾总结了社会预警的一般过程，如图6-2所示。

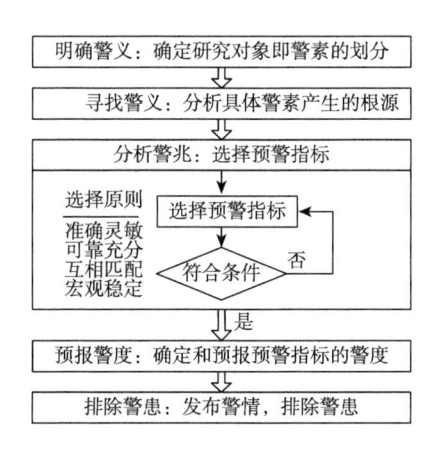

图6-2 社会预警的一般过程

三、旅游社会文化影响预警体系

（一）预警方法选择

从已有研究看，预警方法大体上可以分为六类：指数预警法、周期预警法、专家预警法、模型预警法、模拟预警法和预期调查预警法。其中，指数预警法是根据警情或警兆指标直接度量警度，或利用警兆指标首先进行一定的统计分析与运算，依据运算结果进行预警的方法。这是最为成熟、应用最为广泛的方法，具体方法包括警情分析、景气指数法和景气警告指数法。周期预警法是以周期理论为基础，根据警情指标的变动规律，预警当前警情状况和未来发展趋势的方法,包括自回归移动方法、动态联系方法、因素分解法和频谱分析法等。专家预警法是一种定性分析方法,主要依靠专家的智慧和经验,综合分析各方面影响安全的因素并做出判断。经常用的方法有专家会议法、专家评估法、主观概率法、相互影响分析法和情景预测法等。模型预警法是在指数预警法和周期预警法的基础上发展起来的,常用的模型有均衡模型、非均衡模型和综合方法。模拟预警法即仿真模拟的方法,该方法只能通过仿真模型计算,参数复杂,在预测和预警实际运用中效果并不十分明显。常用的方法有系统动力学方法、灰色系统方法、人工神经网络法等。预期调查预警法是根据需要,定期向有代表性的被调查对象以问卷调查的方式收集有关信息,以便监测宏观经济动向和判断经济景气状况、预报警情状态的一种方法。鉴于这种调查方法对预期做出判断时,以预测对象对未来的判断作为重要依据,也同样适用于社会风险调查。

对上述六种方法进行比较发现,指数预警法作为最为成熟和应用最为广泛的方法,在目的地旅游社会文化影响测量量表具备调研和实施条件的前提下,可结合预期调查预警法共同实施,也可为后续使用周期预警法、模型预警法、模拟预警法等方法打下基础,是可行性较好的一种方法。可以在先尝试指数预警法的基础上,未来逐步丰富预警方法的选择。

(二)旅游社会文化影响预警的指标选择

前文已经提及旅游社会文化影响预警是目的地的社会文化系统风险预警的重要组成。在预警研究初期,将目的地旅游开发后引起的社会文化风险作为预警对象,即将旅游社会文化影响量表作为目的地旅游开发后所引起的社会文化风险的预警指标。具体如表6-1所示。

表6-1 旅游社会文化影响预警指标(35个指标)

公因子	代号	指标	指标解释
F1 社会文化 发展因子 (11)	SE	妇女地位	反映旅游开发后妇女地位变化
	SF	本地人地位	反映旅游开发后当地人地位变化
	GA	本地形象	反映旅游对当地形象的影响
	GB	居民自豪感	反映旅游开发后居民的总体认同感
	GC	居民文娱活动/设施	旅游开发后文化娱乐活动的变化
	GE	居民的健康状况	居民的身体状况的变化
	GF	居民受教育水平	居民的社会福利水平变化
	NC	与外界的文化交流	地区的文化交流情况
	ND	对文化活动的需求	居民对文化活动需求情况的变化
	NE	社交活动	居民社会交往的变化
	NF	文化优越感	居民对民族文化的认同情况

续表

公因子		代号	指标	指标解释
F2 文化因子（12）	A类因子	WA	传统建筑及历史遗迹	旅游地的传统建筑及历史遗迹的变化
		WE	民族风俗/节庆	旅游地传统习俗的变化
		WF	居民的生活方式	居民生活方式的变化
		NA	历史文化展览	旅游地举办历史文化展览的次数变化
		NG	文化商品化	文化的过度包装等
		NH	虚假民俗文化	民俗活动脱离真实的群众文化
	B类因子	WC	使用外地语言的频率	使用外语及普通话等的频率变化
		WG	居民的好客程度	居民的友好热情程度变化
		WH	居民的文明礼仪	社区居民的文明程度变化
		WI	居民的法制观念	居民的法律意识变化
		WJ	居民的道德水平	居民的思想道德变化
		WK	居民的民族信仰	居民对传统信仰的态度变化
F3 社会因子（12）	A类因子	HA	公共设施及其利用	社区的排污、照明、文化设施等变化
		HC	社区拥挤程度	旅游地的人口密度的变化
		HE	物价水平	旅游地的物价涨幅情况
		HF	贫富差距	旅游地社区的贫富差距的变化
		HB	交通便利性	旅游地的交通便利性变化
	B类因子	SA	家庭矛盾	旅游地社区家庭关系的变化
		SB	邻里关系	社区内周边邻居之间的关系变化
		SC	与周边区域关系	与周边区域的关系的变化
		SD	外来经营者数量	旅游移民数量的变化
		HD	社会治安	旅游地社会治安的变化
		HG	赌博	旅游地赌博活动的变化
		HH	犯罪率	旅游地犯罪率的变化

（三）旅游社会文化影响预警评判标准界定

预警指标的评判标准分为客观标准和主观标准。客观预警指标的预警评判标准的设定有世界通行标准法、国内文献综述法、极值-均值法、专家经验判断法、综合分析法等。主观预警指标的预警评判标准设定主要采用测量量表法，如利克特量表中的五分量表等。基于居民感知视角的旅游影响评估宜采用主观指标法。主要指标采用利克特量表，具体判断时采用居民对旅游地社会文化的综合感知（综合感知=变化程度×接受程度）来衡量，从而使量表能更加准确地反映居民态度。将综合感知开方后即可得到利克特量表的五个层次，分别赋值为 1、2、3、4、5。将预警区间设为五级：很安全 5.00~4.50，无警 4.49~3.50，轻警 3.49~2.50，中警 2.49~1.50，重警 1.49~1.00。参考我国其他预警系统的警戒性指标颜色,确定旅游社会文化影响的图示:☺表示很安全,○表示无警,◊表示轻警,▲表示中警,▼表示重警(表6-2)。

表6-2 目的地旅游社会文化影响预警分级(35个指标)

一级指标	二级指标	很安全 5.00~4.50	无警 4.49~3.50	轻警 3.49~2.50	中警 2.49~1.50	重警 1.49~1.00
社会文化发展因子(11)	妇女地位	5	4	3	2	1
	本地人地位	5	4	3	2	1
	本地形象	5	4	3	2	1
	居民自豪感	5	4	3	2	1
	居民文娱活动/设施	5	4	3	2	1
	居民的健康状况	5	4	3	2	1
	居民受教育水平	5	4	3	2	1
	与外界的文化交流	5	4	3	2	1
	对文化活动的需求	5	4	3	2	1
	社交活动	5	4	3	2	1
	文化优越感	5	4	3	2	1
文化因子(12)	传统建筑及历史遗迹	5	4	3	2	1
	民族风俗/节庆	5	4	3	2	1
	居民的生活方式	5	4	3	2	1
	历史文化展览	5	4	3	2	1
	文化商品化	5	4	3	2	1
	虚假民俗文化	5	4	3	2	1
	使用外地语言的频率	5	4	3	2	1
	居民的好客程度	5	4	3	2	1
	居民的文明礼仪	5	4	3	2	1
	居民的法制观念	5	4	3	2	1
	居民的道德水平	5	4	3	2	1
	居民的民族信仰	5	4	3	2	1
社会因子(12)	公共设施及其利用	5	4	3	2	1
	社区拥挤程度	5	4	3	2	1
	物价水平	5	4	3	2	1
	贫富差距	5	4	3	2	1
	交通便利性	5	4	3	2	1
	家庭矛盾	5	4	3	2	1
	邻里关系	5	4	3	2	1

第六章　可持续发展框架下的旅游社会文化影响预警与调控　·87·

续表

一级指标	二级指标	很安全 5.00~4.50	无警 4.49~3.50	轻警 3.49~2.50	中警 2.49~1.50	重警 1.49~1.00
社会因子（12）	与周边区域关系	5	4	3	2	1
	外来经营者数量	5	4	3	2	1
	社会治安	5	4	3	2	1
	赌博	5	4	3	2	1
	犯罪率	5	4	3	2	1

（四）案例地的旅游社会文化影响警情判断及分析

1. 案例地旅游社会文化影响警情判断

将案例地居民的旅游社会文化变化综合感知作为预警判断的指标，则需要在定期调查居民的旅游社会文化变化综合感知基础上，按照前文所述方法对数值进行建模分析，判断其在1~5的位置，从而计算确定预警程度。此处参照前文旅游社会文化变化综合感知的计算模型，用综合感知值开方取两位小数来获得判断警情的分值。结果如表6-3所示。

表 6-3　案例地旅游社会文化影响警情判断（35个指标）

一级指标	二级指标	综合感知值	综合感知值开方	很安全	无警	轻警	中警	重警
社会文化发展因子（11）	妇女地位	16.21	4.03		○			
	本地人地位	16.00	4.00		○			
	本地形象	16.42	4.05		○			
	居民自豪感	16.30	4.04		○			
	居民文娱活动/设施	13.98	3.74		○			
	居民的健康状况	15.99	4.00		○			
	居民受教育水平	17.54	4.19		○			
	与外界的文化交流	15.55	3.94		○			
	对文化活动的需求	15.88	3.98		○			
	社交活动	15.64	3.95		○			
	文化优越感	15.32	3.91		○			
文化因子（12）	传统建筑及历史遗迹	8.33	2.89			◇		
	民族风俗/节庆	10.05	3.17			◇		
	居民的生活方式	15.96	4.00		○			
	历史文化展览	11.29	3.36			◇		
	文化商品化	13.82	3.72		○			
	虚假民俗文化	10.56	3.25			◇		

续表

一级指标	二级指标	综合感知值	综合感知值开方	很安全	无警	轻警	中警	重警
文化因子（12）	使用外地语言的频率	14.01	3.74		○			
	居民的好客程度	17.03	4.13		○			
	居民的文明礼仪	16.88	4.11		○			
	居民的法制观念	14.23	3.77		○			
	居民的道德水平	14.36	3.79		○			
	居民的民族信仰	12.57	3.55		○			
社会因子（12）	公共设施及其利用	12.07	3.47			◇		
	社区拥挤程度	13.35	3.65		○			
	物价水平	10.68	3.27			◇		
	贫富差距	10.17	3.19			◇		
	交通便利性	15.94	3.99		○			
	家庭矛盾	11.67	3.42			◇		
	邻里关系	12.55	3.54		○			
	与周边区域关系	12.01	3.47			◇		
	外来经营者数量	14.22	3.77		○			
	社会治安	13.44	3.67		○			
	赌博	10.76	3.28			◇		
	犯罪率	11.81	3.44			◇		

2. 案例地旅游社会文化影响警情分析

根据对案例地社区居民的调查数据，采用半定量评价方法测量获得居民感知视角的旅游社会文化变化态度的综合感知值（表6-3）。将该值在数据处理时进行开方处理，即可用来判断警情。根据警情的划分标准，在35个旅游社会文化影响指标中，有24个指标为"无警"，有11个为"轻警"，无"很安全"、"中警"和"重警"。"轻警"的指标分别为，传统建筑及历史遗迹、民族风俗/节庆、历史文化展览、虚假民俗文化、公共设施及其利用、物价水平、贫富差距、家庭矛盾、与周边区域关系、赌博、犯罪率等指标。传统建筑及历史遗迹一项分值最低，为2.89，接近"中警"水平。

从上述预警结果看，与实地调研时观察和访谈获得的结果基本一致，该案例地的社会文化在旅游开发之后受到了一定程度的影响，在传统建筑及历史遗迹、公共设施及其利用、贫富差距、家庭矛盾及社会治安等方面受到一定的负面影响，需要及时形成调控手段和政策措施进行有效调控，建立长期的旅游社会文化系统的监测和调控体系。

第三节　可持续发展框架下的旅游社会文化影响调控

一、旅游目的地的可持续发展需要自觉的价值追求

全球旅游发展经验表明，随着社会生产力水平的提高，在包括休假制度在内的社会政策体系支持下，游客活动将更加自由且更加多元。当前我国旅游业发展已经进入大众旅游时期，旅游活动组织从必须经由旅行社组团走向自由预订的自助旅游，游客活动从景区向社区转移。旅游业的产业组织体系、商业模式、产品形态，乃至旅游业发展生态都在经历根本性变革。在传统团队旅游组织形态下形成的各种思维和政策路径依赖，与当前鲜活而快速迭代的旅游发展形成鲜明对比，并在一定程度上制约了旅游发展。尤其是在游客活动日益社区化情况下，旅游发展的利益相关方从政府、企业、游客扩展到了社区、社区居民及周边社区，使得旅游发展必须重构以多元利益主体为基础的价值体系。关注和重视社区及社区居民发展，发展旅游的根本目的在于提高生活质量并为所有利益相关者创造更加美好的生活，这也是《马尼拉世界旅游宣言》所倡导的旅游发展观。

重新构建基于多元利益主体的价值体系需要打破原有的分配体系和利益主体分配格局，寻找新的价值理性。根据学者张瑛的研究，最初明确用工具理性和价值理性二元范畴并影响现代社会科学的人是马克斯·韦伯。"工具理性"与"价值理性"是德文"Zweckrationalitt"与"Wertrationalitt"的翻译。马克斯·韦伯认为，工具理性即通过对外界事物的情况和其他人的举止的期待，并利用这种期待作为"条件"或者作为"手段"，以期实现自己合乎理性所争取和考虑的作为成果的目的。持工具理性的人更看重所选行为能否作为达到目的的有效手段，因此工具理性的现代性特征明显。价值理性又叫伦理理性或规范理性，是人类对价值和价值追求的一种自觉意识，是在理性认知基础上对价值及价值追求的自觉理解和把握，是人们从"非自我利益的理性"的角度出发，追求一种终极的价值目标。持价值理性的人其行为往往基于某种价值信仰，有某种特定的立场和价值追求。

二、旅游发展要平衡好工具理性与价值理性的关系

工具理性与价值理性相互依存，和谐统一。旅游目的地的可持续发展需要处理好发展中的工具理性和价值理性的关系。

（一）发挥传统文化的工具理性是旅游发展的基本依托

传统文化尤其是非物质文化遗产是重要的旅游吸引物，作为旅游产品和服务的重要组成部分，很难摆脱作为旅游业发展工具的基本属性。在不破坏传统文化价值理性的前提下，本着尊重传统文化真实性和基本伦理的原则，适度发挥工具理性的作用，开发出人民群众喜闻乐见的旅游产品和服务，推动地方文化传播，激发居民文化自信，对增进文化认同、促进目的地经济社会发展是合理的也是必要的。

（二）对传统文化的价值理性选择是工具理性的基本支撑

对传统文化的价值理性传承与发展是旅游业长远发展的主要路径。部分旅游区和目的地社区过分注重传统文化工具性的一面，对传统文化的价值理性形成挤压和侵略，导致其地方优秀传统文化的精神实质庸俗化、文化利用过度商品化，最终致使传统文化脱离了本来面目，失去了原有的文化价值。因此，在旅游发展过程中，目的地社区应当注重对文化价值理性的发展和弘扬，没有以价值理性为支撑的旅游工具理性将是无源之水、无本之木。

（三）价值理性和工具理性的平衡是旅游可持续发展的关键

随着大众旅游走向品质化升级阶段，游客对旅游过程中文化类产品的需求与日俱增。我们既要为适应游客对传统文化了解和体验的需求，发挥好传统文化作为工具理性的作用，弘扬好传统文化精华，又要坚守社会主义核心价值观和文化伦理，坚持提供有品质的文化产品，避免旅游开发过程中目的地社区和投资商等关键利益主体对财富、权力、地位等效益的过分追求，导致虚假民俗泛滥、传统文化异化和过度商品化等问题。处理好旅游开发中价值理性与工具理性的关系是目的地社区实现旅游可持续发展的根本所在。

三、基于价值选择的目的地旅游发展调控路径

（一）选择调控路径

调控途径是根据实地调研结果，按照反向操作原则进行路径调控和方法设计。关键步骤在于：一是研究确定社区旅游社会文化影响存在的问题，并通过调查分析形成确定的数据支持；二是根据测量结果提出需要调控的旅游社会文化影响指标；三是在价值选择基础上，根据反向操作原则提出具体的调控方案。

（二）明确调控指标

（1）传统文化因素及虚假民俗。从预警情况看，"传统建筑及历史遗迹"

分值为2.89，处于"轻警"水平，并接近"中警"，在所有指标中分值最低，在所有"轻警"指标中最为严重，是需要重点调控的指标。此外，民族风俗/节庆的反向变化，以及文化商品化、虚假民俗文化的正向变化对目的地而言是负面影响，尤其是目的地典型的文化特质表演往往会变质。例如，一些目的地为了迎合游客对地方文化的探奇需要，让社区居民上演穿着的"复古风"，使服装成为吸引游客的重要手段。社区居民往往又无法抗拒现代着装的影响，这就会导致居民穿着服饰的"上古，下不古""外古，内不古"的情况。又如，一些传统的节日常常也被拉上舞台，原本是特定时间的文化仪式，成了日常的文化表演。文化传承出现断代问题也应引起充分关注，具体表现为社区青年一代对民族历史、民族歌谣、民族舞蹈、民族节庆和民族信仰的淡漠。从对案例地平安寨和金坑的调研情况看，社区内会唱民族歌谣、会跳民族舞蹈的人基本上都是45岁以上的中老年人，年轻人主要负责揽客和日常经营，对本地民族文化没有兴趣，文化传承堪忧。

（2）物价水平和贫富差距。旅游目的地社区贫富差距加大、物价水平上升是引起社区居民不满的主要原因，应该成为旅游社会文化影响调控要关注的重点对象。目的地社区居民原本平静的生活被旅游业打破，居民的心理承载力、社区的社会承载力、环境承载力经受考验，部分居民难免会产生不良的社会情绪。欲保持目的地社区可持续发展，就需要协调不同利益相关者的利益分配，测算并按照最大和适宜接待容量进行接待数量控制，同时设立环境压力和心理损失补偿等来进行社会风险调节和控制。

（3）社区拥挤程度及外来经营者数量。从测算结果看，旅游目的地居民对外来经营者数量的综合感知测算值为3.77，社区拥挤程度的综合感知测算值为3.65，属于"无警"。结合对居民深度访谈的结果，可以判断当地居民对旅游开发后的外来经营者虽总体上可以接纳，但由于外来经营者数量增加，社区拥挤程度增加，居民生活环境质量下降。同时，外来经营者与社区居民中的旅游经营者形成竞争关系，更会引发居民的不满，这应引起重视并纳入调控范围。

（4）其他需要调控的指标。与周边区域关系、家庭矛盾等指标也需要加强调控。在案例地社区，我们发现一些值得关注的现象。以平安寨和金坑为例，当地最吸引游客的是传统建筑吊脚楼和"森林—村落—梯田—河流"梯田稻作生态系统及其民俗风情，旅游开发后案例地和邻近村寨的村民对利益分配不满，包括"七星伴月"在内重要位置的梯田出现无人耕种甚至塌方的情况，严重影响景观美观。将与周边区域关系等指标纳入调控范围需要更大范围的调节机构，一旦调节成功也可更大范围地促进目地和周边社区旅游发展。

四、对目的地社区利益相关者可能采取的调控措施

调控对象涉及目的地旅游开发的地方政府及旅游主管部门、社区居民、开发商（投资商）、旅行商和旅游者等不同主体，居民对自身文化的认同和传承、政府的旅游发展观、与周边和外来者利益的协调等是要调节的主要方面。因此，明确目的地旅游开发的利益相关者和主体利益协调是调控的主要方向。在前文对旅游目的地社会文化系统的分析中已经明确了社区型旅游目的地的利益相关者为社区居民、开发商（投资商）、旅行商、地方政府及旅游主管部门、旅游者等。以下将按照不同利益相关者及其利益关系提出调控办法。

（一）地方政府及旅游主管部门

地方政府及旅游主管部门是目的地社区旅游发展的推动者和管理者，也是目的地旅游社会文化影响调控的主导者和实施者。在旅游发展过程中，一些旅游主管部门往往过分重视旅游对地方税收和就业的影响，在推动和促进目的地发展旅游时往往片面强调经济效益，对旅游社会文化影响的认识和重视不足。政府部门在推动目的地旅游发展时，要秉持以人民为中心的发展理念，让利于民；在制定旅游发展战略，编制和实施旅游规划时，既要充分认识旅游发展的经济效应，又要深刻认识旅游的社会文化和环境的综合效应，用好财政和金融杠杆；做好相关利益主体的协调工作，在公共服务供给和生态环境补偿方面充分发挥政府的作用。

可实施的调控途径：一是建立旅游发展影响预警及调控系统。建立由第三方专业机构实施的地方旅游发展影响预警及调控系统，定期向政府及主管部门提供监测报告，提出调控政策建议，为旅游主管部门实施调控提供依据。二是制定科学的旅游发展战略和规划编制。地方政府及旅游主管部门把握好旅游富民和文化发展两条主线，坚持以人民为中心的发展思想，科学制定目的地旅游发展战略，科学编制目的地旅游规划。各级旅游主管部门还要强化对旅游规划实施的监督，建立规划的管理协调机制和监督调控机制（如成立旅游发展联席机构、进行景区容量控制监督等），解决实施过程中涉及的利益矛盾和冲突。三是做好政策扶持尤其用好财政和金融杠杆，扩大旅游发展受益面。结合乡村振兴战略，协调金融机构对从事旅游经营和休闲农业的居民提供小额贷款，对符合旅游发展战略和引导方向的项目实施贴息，使更多的社区居民有参与旅游发展的机会。四是建立投资引导和旅游收益调节机制，协调好利益主体关系。以确保不侵犯当地居民利益和目的地社会文化可持续发展为前提,加强对外来投资方向、额度和人员的综合评估,引导外来投资。协调目的地旅游开发主体,建立社会心理和环境损失补偿的收益二次分配机制,确保对未参与旅游经营却承受旅游负面影响的居民有所补偿。五是用好协会、公益机构和社会群体等多种力量。重视地方旅游发展的专业协会和公益机构建设,如地方旅游行业协会作为联系政府和旅游企业的桥梁和纽带,可以监督和协调投资商开发行为,避免恶性竞争等。建立目的地旅游发展的智力支持组织,用好包括各类公益培训机构、旅游教育协会、志愿者组织等在内的机构,为社区居民提供旅游发展的教育培训,提高居民发展旅游的能力,提升居民对自身文化的认识和认同。

(二)开发商(投资商)和旅行商

无论是目的地社区自有旅游经营者,还是外来旅游企业和投资商,他们都是目的地旅游产品和服务的提供者,是社区旅游发展的关键力量。同时,他们也是目的地社区旅游发展中的主要利益相关者和旅游社会文化影响调控的关键群体。对政府部门而言,可以通过制定土地使用、税收、金融等优惠政策和优化营商环境等方式来吸引符合当地旅游发展方向的投资,借此引进资金、先进管理技术和人才;通过引导制定目的地各类旅游服务质量标准并监督实施,来确保旅游产品和服务品质。对开发商(投资商)和旅行商而言,要建立投资项目风险评估机制,充分认识旅游投资过程中社会文化影响及其环境经济影响等因素可能对项目带来的风险,制定相应的风险应对机制,避免因为利益冲突影响与目的地的正常合作,避免因为过度追求经济利益带来不可逆的社会文化负面影响,从而影响长远发展。尤其要在传统文化旅游产品和服务开发过程中,充分尊重地方文化,多倾听当地居民的声音,增加当地居民的参与。传统文化如果脱离了当地居民的参与,也就成了"造"出来的商品,不具有生命力。开发商(投资商)和旅行商要有企业社会责任,从负责任的旅游出发,积极承担对社区环境和社会文化影响的责任。

(三)旅游者

旅游者是目的地社区旅游发展中的需求方,也是关键利益方。在旅游发展过程中,旅游者的大规模进入是引起目的地社会文化负面影响的重要因素。对地方政府及旅游主管部门而言,实施对利益者的调控主要是进行游客容量控制和文明旅游教育。除了提出社区环境容量(目前的容量控制主要考虑了环境容量)外,还要综合民族、人口构成、宗教信仰、民情风俗、生活方式和社会开放程度等因素考虑当地居民的心理和社会承受能力,对社会容量进行科学测量和容量调节,既要确保游客满意的环境容量,也要确保社区居民都满意的社会容量。注重对游客的文明旅游教育,引导游客尊重地方民情风俗,避免游客对社区居民日常生活的干扰。对游客自身而言,应加强文明旅游意识培养,提升自身素养,做好文明游客和负责任的游客。

（四）社区居民

社区及其居民是旅游发展的核心,当地社会文化变化的实质是居民的意识形态及价值观的变化。面向社区居民的调控重点是扩大居民受益面、做好利益相关者关系协调、促进居民能力提升和文化认同。通过为社区居民提供符合条件的小额贷款和定向精准贴息、进行生态环境和社会影响经济补偿、提供普遍的教育培训进行能力补偿等方式扩大居民受益面,缩小贫富差距。加强对当地居民的可持续旅游发展宣传和引导,帮助居民正确认识和对待传统文化和旅游发展的关系,形成对旅游长远发展科学的态度,避免与邻里之间和周边区域的恶性竞争等短视行为。同时,加强居民(尤其是青年人)对地方传统文化的了解和认知,培养他们对民族历史、民族歌谣、民族舞蹈、民族节庆和民族信仰的文化认同,培养当地居民的文化自豪感,提高居民参与旅游发展的积极性。

第四节　值得讨论的几个问题

旅游开发将给物价水平、外来经营者数量、贫富差距等因素带来变化,直接影响居民对本地未来旅游发展的政策和行动的态度。尽管旅游社会文化影响总体呈现积极态势,但其负面影响也不容忽视。除了开展以地方政府和旅游主管部门为主的积极调控外,还可以根据各地不同的文化习俗和非正式权力机制来进行协调。

（一）非正式权力对社区旅游开发的监督

在正式制度允许的范围内,充分尊重传统农业社区的地方习俗,加强对非正式制度(如案例中的寨老制)的应用。针对平安寨表现出的壮族服饰文化的滥用、节庆仪式形式化、虚构民俗等问题,除了对旅游企业、目的地社区及居民进行引导外,还可通过寨老来监督、指导社区旅游开发过程中文化资源的使用和管理,并代表社区与出现文化滥用行为的相关企业或个人经营者进行协调,提出修正方案和指导意见。

（二）居民高度参与下的文化自信建构

从实践经验看，社区居民作为文化传承的主体，其旅游参与度越高，文化保护意识越强。居民的主动参与可为民族文化传承带来内在动力，使社区传统文化得以延续和发展。在旅游发展过程中，地方政府及旅游主管部门要充分尊重社区居民的利益和意见，并在发展战略和规划编制过程中充分吸收居民参与，形成政府宏观引导、居民积极参与的旅游发展模式。在当代社会转型条件下，以社区居民的积极参与带动形成社区文化自信的自觉建构。

（三）以适当的权益再分配促进居民共享发展

在目的地旅游开发中，实现社区文化传承的工具理性和价值理性的平衡需要一个历史过程。现阶段，在注重传统文化工具理性开发的同时，建立合理的文化资源使用和利益再分配机制，包括发放社区养老和幼儿补贴、建设公共图书馆、设立面向全社区奖学金制度等，使社区居民能够切实从民族文化的传承中受益，也要加强对文化伦理价值理性的宣传，提高居民对文化的自我认同和文化传承的自觉使命。

（四）通过非政府组织加强年轻人文化教育

非政府组织（Non-Governmental Organizations，NGO）与非营利组织（Non-Profit Organization，NPO）及其他专家志愿者组织加强对目的地社区年轻一代的文化价值教育，使年轻人能够突破文化经济价值的工具理性，更加深入地认识传统文化内含的生态和美学价值，实现文化的自觉传承。

第七章 案例研究

第一节 龙脊平安寨旅游社会文化影响观察

一、龙脊平安寨概况

平安寨位于龙胜各族自治县和平乡东北部，距离和平乡政府 10 千米，距离龙胜县城 27 千米，距离桂林 80 千米。平安寨属于龙脊梯田景区的核心部分，距山下的金竹壮寨 6 千米，距龙脊古壮寨 2 千米。村寨地处海拔 1916 米的崇山峻岭深处，梯田海拔最高处 1180 米，最低 380 米，垂直落差 800 米。平安寨高耸在龙脊梯田的山梁上，是一个典型的大型壮寨，占地约 3 万平方米，平安寨分为 8 个村民小组，191 户，800 人口，其中"七星伴月"附近 161 户，713 人，95%姓廖，均为壮族[1]。村寨建筑为传统干栏式木楼，全杉木结构，是桂北地区典型的吊脚干栏建筑，"之"字形的石板道把全寨各户相连。

平安寨的交通状况和基础设施良好。从龙胜县城到平安寨有二级公路连通。平安寨所处龙脊风景名胜区的交通设施比较完善，景区内邮电通信设施齐全，水、电、固定电话、闭路电视都已经接通村寨，移动、联通信号覆盖整个区域，部分旅馆接通因特网，村寨内设置有邮政代办点，能满足基本需求。但村寨的给水系统比较混乱，梯田给水得不到保障。排水系统也没有建立起来，旅馆、居民的生活用水直接排出水沟进入梯田。村寨的消防系统比较薄弱，2007 年有 6 次火灾，经济损失严重。村寨的环境卫生处理系统薄弱，垃圾桶数量不够，公共厕所缺乏，不能满足游客需求。

旅游开发之前，平安寨村民的经济收入主要为务农和外出打工，种植经济作物如茶叶、果蔬等。旅游开发后，旅游业逐步成为村寨主要经济收入来源，包括经营餐饮、住宿、购物、导游服务及门票分红等。目前，村寨出现了"农忙是农民，农闲是工人；出门搞旅游，开店当老板"的两栖型农民，属于比较富裕的民族村寨。

---

[1] 2015 年调研时获取的数据。

二、村寨家族关系及社会组织

(一)家族关系

平安寨是一个典型的大型壮寨,平安寨三条沟一共分为8个村民小组,191户,800人,其中"七星伴月"附近的2条沟161户,713人,居民中95%姓廖,均为壮族,随着旅游的开发,有一部分汉族人进入。根据和平乡龙脊村《廖姓族谱》记载:廖姓原籍山东泰安市,后经广西河池市、全州县,于明代万历年间(1573—1620年)迁入。居民通用壮语(属于壮语北部方言桂北土语)和桂林话,不少村民掌握普通话(除了年老居民不懂普通话外),少数还会讲简单的英语。风俗习惯和龙脊景区内其他壮族一样。

(二)社会组织

中华人民共和国成立前,龙脊十三寨实行寨老制度,村寨寨老组织是寨老制度的底层机构,它以氏族为单位。寨老由村寨群众民主推举产生,一般是由1~3人组成,分工负责村寨社会秩序、主持祭祀、履行族长职责,如果只有寨老一人则包揽寨老、社长和族长三权。寨老制度以血缘为纽带,同姓居一寨有一个寨老组织,平安寨只有廖姓,故就一个寨老组织。

1949年12月11日以后,平安寨建立了新的行政组织,由村民委员会主任、村支书、生产组长、村小学校长和教导主任组成村民委员会,村民委员会下设8个村民组。2003年11月,在村民委员会的组织下平安寨成立了旅游管理组织——平安寨旅游管理委员会。

三、村寨旅游发展状况

平安寨的旅游经营开展较早,经过十几年的发展,设施建设相对完善,人们生活水平得到很大的提高,目前处于一个相对成熟的阶段。但是由于利益分配和用水及梯田维护费问题,矛盾冲突还是比较明显,此外环境卫生也受到挑战。

(一)重要旅游资源描述

平安寨重要旅游资源有高山梯田农业观光和桂北白衣壮族文化,其中梯田集艺术美、田园美、山水美于一体,堪称天下一绝,是景区旅游资源的核心;白衣壮族文化独具一格,民族风情浓郁,具备很好的旅游开发价值。

(1)梯田文化景观。平安寨的龙脊梯田集艺术美、田园美、山水美于一体,堪称天下一绝。梯田开凿始于元代,从山脚一直盘绕到山顶,梯田的坡度一般在 26°到 35°之间，最大的坡度达到 60°以上，显得比较陡直，线条变化特征比较明显，大者不足一亩，小者则只能插下两三行禾苗，形成小山如螺，大山似塔，如链似带，又宛如天梯的景象。梯田总面积原为 580 亩，成景区域 350 亩[①]；但是目前不种植的梯田已达 20 亩到 30 亩，成景的外围已经常年不耕种。成景的梯田宛如天梯，四季的景色各异，春如层层银带，夏滚道道绿波，秋叠座座金塔，冬似群龙戏水，如此出神入化的景象被艺术家赞叹为"神奇的韵律、优美的线条"，其中最著名和壮观的是"七星伴月"和"九龙戏珠"这两个景点。

（2）壮族建筑文化。平安寨位于桂北山区，民居是典型的干栏式吊脚楼。由于地理位置和气候的差异，干栏结构也很有特色。其主要特点有：一是传统的干栏建筑为全木结构，平面呈长方形或曲尺形，高大宽敞，体型对称，面阔一般在 14~20 米，在这里最大达到 25 米；二是结构坚固，一般都是立木为柱，穿梁架檩，铺板为地，合板为墙，封闭性良好，可以抵御山区的风寒；三是干栏架构全部采用立柱与穿斗式的阶梯状瓜柱结构；四是布局得体，合理实用，功能俱全，一般都会留有一个宽大的厅堂供议事、待客之用。

（3）民俗文化景观。第一类是民族工艺品，主要有绣球、方格巾、绣花鞋等。绣球原来是壮族姑娘的定情信物，现在已经作为旅游工艺品出售。绣球是由十二瓣结成的球体，每一瓣代表一年中的一个月份，上面绣着当月的花卉，内装棉籽或红豆。大若拳头，小如鸡蛋，上端系一条约一尺长的彩带，下端系一束五彩的丝坠，玲珑精致。绣花鞋，即用各种颜色丝线，在鞋面绣上龙、凤、花草、凤蝶等图案，是未婚姑娘必备的物品。第二类是民族服饰。壮族服饰展现一种简朴典雅的风格。妇女服装分夏季和冬季两种，夏装上白下青，内着青蓝色或白底绣边的肚兜，外着白布无领对襟中袖短衣，冬装为青色或黑色无领对襟布衣。第三类是特色饮食。龙脊水酒、龙脊茶、龙脊香糯、龙脊辣椒被誉为龙脊四宝，此外还有竹筒饭。龙脊水酒是一种发酵酒，主要有米酒和红薯酒，早在清朝已经被列为贡品。龙脊茶在《中国茶学辞典》中被记载为中国二十八大名茶之一，是野生的高杆茶。龙脊香糯是龙脊独有的稻种，其色、香、形独特，是龙脊水酒的原材料。龙脊辣椒产于海拔 800 米以上的云雾山中，颜色鲜艳、辣味浓、香味独特诱人，富含多种人体所需的维生素。竹筒饭是壮家招待客人的上品，一般是截取一节竹筒，上下留节，把糯米泡胀，加入自己制作

---

① 1 亩 ≈ 666.67 平方米

的腊肠和腊肉、香菇和水，添加适量的酱油、食盐，然后把竹筒开口的一端用甘蔗或玉米密封好，在火台上慢烧细烤，边烧边翻动竹筒，直到闻到香味。食用时，用刀将竹筒劈开即可。第四类是民族节日。龙胜壮族月月有节，平安寨也不例外。按月顺序主要的节日有（农历计算）：正月春节、二月春社节、三月清明节、四月牛王节、五月药王节、六月莫一大王诞生节、七月中元节、八月中秋节、九月重阳节、十月丰收节、十一月吃冬节、十二月送灶王节。

（二）旅游资源定性评价

（1）资源品位高，知名度大。平安寨梯田集艺术美、田园美、山水美于一体，堪称天下一绝，而且在不同的季节形成不同的景观。著名的景点"七星伴月"更是让游客和摄影爱好者流连忘返。平安寨梯田在国内外成为一种品牌，是龙胜的名片和旅游形象代表，成千上万的游客慕名而来，拥有很高的知名度。

（2）文化底蕴深厚，民族特色鲜明。平安寨是典型的壮族村寨，民族成分比较单一，壮族文化特色鲜明。节庆活动分布均匀，可参与性强，这和梯田融合在一起充分折射出高山农耕文化的特色。奇特的民间信仰文化，浓郁的文化氛围都能满足旅游者猎奇的心理需求。民族服饰的图案鲜活，制作精美，深得旅游者的喜爱。

（3）旅游资源组合度高。整个平安寨依山而建，梯田风光与建筑景观有机结合，浑然一体。从寨底沿山路就可以从不同的角度观赏梯田风光，也可以看到有序的壮族建筑物。多条旅游线路将梯田和村寨环绕成一个闭合景区，做到高山农耕观光和民族文化体验两不误。

（4）代表性单体过少。景区内资源主要是集中在梯田景观、民族建筑等方面，梯田观光焦点只是集中在"七星伴月"一处，其他地方吸引力不高；民族建筑过于单调，并没有挖掘代表性的建筑单体进行展现；节日虽然月月有，但是没有很好地进行包装策划和开发利用，旅游者的关注度不高，旅游价值也没有体现出来。

（三）旅游基础设施和服务设施

平安寨旅游基础设施主要包括停车场1个，直通村外停车场约2米宽的水泥路，直通2个观景台的1.5米宽石板路，2020年有100多户人家开设了农家旅馆，共有2500多个床位；旅游服务中心1处，轿子80多台，抬轿人共分为3个大组。

（四）旅游发展历程

平安寨的旅游从1998年以来得到快速的发展，旅游接待人数从2013

年的33.7万人次增长到2015年的36.2万人次,旅游接待收入从2013年的1601.9万元增长到2015年2238.9万元。2019年,包含平安寨在内的龙脊景区已接待游客370万人次,景区内群众分红超过1200万元。平安寨旅游发展可分为以下几个阶段。

一是1992年前,探索和发育阶段。社区几乎没有主动的旅游发展意识,居民极少从事旅游接待,慕名前来的主要是零星的海外游客和一些摄影、观光游客。

二是1993~1997年,参与和发展阶段。村寨内出现了少量的家庭旅馆,据统计有4家,在1993年开业有丽晴旅社、美景来旅社等。此时,村民开始了自我开发平安寨旅游,在1995~1997年实行收取门票制,3元/人,收益按人口分配到户。龙胜各族自治县旅游总公司投资修建黄洛瑶寨至平安寨的石板路,1997年修建黄洛瑶寨至平安寨的公路。这一阶段的特点是以农民自行开发为主,旅游接待设施简陋,旅游项目单一,景区的可进入性比较差,但是增长速度很快。

三是1998~2000年,快速发展阶段。以1998年的龙脊梯田风景名胜区为标志,平安寨旅游业开始得到快速的发展。据统计,当时有家庭旅馆22家,床位334个,旅游项目也开始增加,出现7家小卖部。有部分村民开始从事背行李、卖旅游纪念品、导游服务等旅游活动。1999年,县委员会、县政府给予支持成立了龙胜各族自治县龙脊景区建设开发总公司,用来加强对项目建设资金的管理。此外,在交通方面扩建了和平乡—黄洛瑶寨的公路,投资兴建停车场和山乡旅社。门票提高到20元/人,平安寨和金竹瑶寨提成20%。这一阶段的特点是龙胜各族自治县旅游局和龙胜各族自治县旅游总公司共同加强了对龙脊梯田景区的开发和管理,和平乡也推出了相应管理体系;村民参与旅游的人数增多,游客人数增长快速,旅游接待设施得到改善,旅游项目也逐步增加。

四是2001年至今的稳定发展阶段。以桂林龙脊温泉旅游有限责任公司成立为标志,这个阶段旅游业稳定发展,对景区进行旅游投资的外来者增加,大量的村民也参与到不同层次的旅游活动中来。此外为了更好地协调景区内的各项管理工作,龙胜各族自治县人民政府于2007年8月成立了龙脊风景名胜区管理局。这一阶段的特点是旅游接待设施进一步完善,交通可进入性良好。2017年11月,在联合国粮食及农业组织罗马总部举行的全球重要农业文化遗产会上,广西龙脊梯田通过专家组审议,成为全球重要农业文化遗产。

总体上,平安寨从村民自主开发到目前的公司主导开发,其旅游发展经历一个探查期和参与期,尤其在经过几年不稳定的开发之后,在 1999 年进入一个快速发展的时期,接待量持续增长,目前仍然处在稳定快速增长期。2003~2017 年龙脊梯田风景名胜区接待人数量,从 2003 年的 9.12 万人次增长到 2017 年的 120.84 万人次,年均增长 20.3%;旅游接待收入从 2003 年的 263.4 万元增长到 2017 年的 8770.85 万元,年均增长 28.5%。

(五)旅游发展存在问题

(1)旅游收益分配问题。旅游收益分配的问题是影响居民满意度的重要因素,也是衡量民族村寨旅游发展的重要指标。由于梯田景观的最佳观景点位于村寨最上方,游客在村寨上方停留、消费较多,村寨上方和下方居民存在旅游收益不均的问题。村寨在门票提成和争取梯田维护费上同公司存在争执,曾引发过群体事件,这成为平安寨未来旅游和谐发展的重大隐患。

(2)环境问题。平安寨的环境问题也比较突出,水体和固体污染最为严重,由于基础设施的不完善(如公共厕所、垃圾桶、污水处理池等),责任不明确,缺乏有力的管理机制等(虽然有协管的组织,但是种种原因导致执法的不力,实际上效果很小),随着旅游人数的增加,旅游环境污染问题将更严重。

(3)居民参与问题。平安寨的旅游开发无论是村民自主开发模式还是公司主导的开发模式,村民参与旅游发展决策的程度较低。以往旅游规划中的居民调查结果显示,平安寨村民对本民族的旅游资源有强烈的认同感,希望能参与到旅游开发中分享旅游带来的好处。但目前村寨的旅游参与做得还不到位,解决这个问题将有利于旅游的发展。

(4)管理机制问题。龙脊平安寨所处景区曾经由桂林旅游发展总公司进行管理开发,由于该公司和村民在旅游开发中的利益分配不当,矛盾不断升级。之后龙胜各族自治县政府国有资产部门回购了股份,目前平安寨景区由县政府企业桂林龙脊温泉旅游有限责任公司经营。政府组织成立了旅游管理机构,聘请了 6 个村民参与旅游景区管理工作,负责协调、组织轿子队和背篓队的工作,村子里的许多工作都由他们负责指导完成。目前还没有职责条例,监督不够,执法力度不强,很多流于形式。村民参与旅游以抬轿子、背行李为主,采用分组轮流的管理办法。

(5)相邻村寨关系问题。主要是和周边的村寨矛盾,如大寨、黄洛瑶寨等的矛盾。由于平安寨的旅游开发比较早,知名度高,游客量大,其他村寨起步晚,与平安寨存在一定差距。其他村寨的村民常常到路口强拉游客,分流了平安寨的游客量,矛盾冲突由此产生。部分邻村还到平安寨兜售工艺品，形成新的利益竞争。村寨之间利益的恶性竞争加深了村寨之间的矛盾，不利于村寨和民族间团结。

（6）科学规划和民族社区文化保护问题。景区的旅游规划中缺少对社区社会文化影响的评价，也没有相关的文化保护性利用规划，缺乏对地方文化参与旅游发展的有力指导。首先应对平安寨游客超载进行审视，采取必要的分流缓压措施，其次要对村寨的建筑进行合理的空间调控，最大限度地保留民族建筑的特色，最后还要处理好污染的问题，营造一个整洁的景区。

（7）旅游项目建设问题。平安寨是以梯田观光和民族文化为主的景区，游客在平安寨的主要旅游活动项目大多是到一号观景台观赏梯田风光和村寨建筑。此外，体验吊脚楼家庭旅馆和壮族饮食也受游客欢迎，但这些项目尚显单一和表层，还没有深挖掘当地的民族文化，产品体系不够完善。

四、旅游开发对村寨社会文化的影响

（一）旅游开发对平安寨的有利影响

（1）改善了社会发展环境。旅游发展首先给平安寨的对外交通带来质的飞跃，以前只是通过山路与外界联系，旅游开发以后，修建了黄洛瑶寨—平安寨的公路，同时也扩建了黄洛瑶寨—321 国道的公路，交通条件大大改善。村寨内道路重新修建，用石板扩宽填平，为居民出行带来便利。其次是旅游接待设施的改善，由没有接待设施到有服务周到的旅馆、便捷的电话通信，观光台的修建、自来水的接通等。卫生条件也得到改善，改变了原来脏乱的环境。

（2）改变了社会就业结构。旅游开发改变了平安寨以前农业生产和外出打工的收入方式，拓宽了闲置劳动力的就业方式，也带动了旅游相关农产品的生产和发展，居民收入渠道得到拓宽。目前居民的主要旅游收入包括旅游餐饮、住宿、购物、导游服务及门票分红等，农业主要种植水稻、辣椒、茶叶、红薯、芋头、玉米等作物。尤其是旅游开发后促进了妇女和老龄群体的灵活就业。在平安寨社区，女性在旅游就业中的人数占比超过60%。

（3）保护和挖掘了壮族传统文化。旅游开发必须要求对旅游资源进行挖掘，壮族文化作为重要的旅游资源，在开发过程中得到了一定的保护与传承。一些遗失或者正在遗失的壮族文化得到了重视，在相关部门和开发商的支持下开始恢复或整合，逐渐展现在世人的面前。此外，一

些现存的文化资源也得到了挖掘，从这个角度来说，壮族文化得到了保护与传承。

（4）提升了社区居民文明素养。旅游开发加快了村民对外界事物的接触，与外部市场经济联系日益密切，居民看待事物的视野和思考问题的思维方式也发生了改变。旅游开发中的培训、与游客的接触和学习，大大地提高了村民的综合素质，如行为方式、语言能力的提高等。

（二）旅游开发对平安寨社会文化的不利影响

（1）建筑景观遭到破坏。一是建筑密度增加。随着游客增多，居民开始大量修建家庭旅馆，景区内建筑猛增，空间上变得十分拥挤。二是建筑体量不断增大，外形美观受到破坏，部分建筑突出的楼阁，严重影响传统壮族建筑的美感。三是建筑的高度严重超标，壮族干栏式建筑一般二到三层，建筑风格灵动秀丽，现在很多新建建筑体都为三四层，四层以上的旅馆达到10家，过高的建筑会挡住游客览景视线。

（2）风俗节庆文化商业化。建筑是文化的物质层，其文化特色的偏离更多在于外观。节庆和民俗信仰则是文化的行为和精神层面，没有利用好则负面影响更大。一些原来消失的文化在旅游开发后得以重返舞台固然是对传统文化的利用，但一些文化被简单粗暴地复制，尤其是特定的节日和民间信仰也逐渐商业化、简单化，既曲解了文化的本质，也偏离了通过旅游保护和弘扬民族优秀文化的初衷。

（3）社会关系重构。平安寨的空间分布以从山脚到"七星伴月"景点为分界，在道路两边的村民大多走上了旅游致富之路。离主路越远的居民参与度越低，仍然会外出打工或从事抬轿子等简单的旅游劳动分工，收入水平低下。善于旅游经营且收入高的村民不断扩大在村寨的话语权，原有均质化的社会经济状况开始因为旅游经营形成了差异。过浓的商业氛围冲淡了邻里之间人情味，也破坏了村寨凝聚力。

（4）人际关系受损。人际关系是内部矛盾中影响邻里关系的重点，也是考核民族村寨旅游发展、新农村建设和谐程度的重要指标之一。根据访谈调查，很多村民怀念以前村寨团结和睦、互相帮助的氛围，这也是旅游发展带来的负面影响之一。收入差距的拉开，影响到村民间的交往。

（5）两极分化加大。由于每个人能力的差异和一些外在的因素的影响，旅游开发使得一部分人先富裕起来，另外的弱势群体并没有在旅游开发中得到很多实质上的利益分配，而且这种情况日益加剧，贫富两极分化越来越严重，已经成为村寨一个显著的特征。

五、村寨旅游发展建议

（一）整体规划，科学利用社区文化资源

社区的生活资源和文化资源是重要的旅游吸引物。文化资源的利用，需要专业规划和整体设计，要注重保护社区建筑特色和服饰、传统节庆，注重文化的自然传承和发展，而不是简单和不断重复的文化展演。现代文明和现代生活元素的融入，是社区旅游目的地文化生命力延续的另一个基础，也是社区文明进步的表现。同时，可考虑吸收非政府组织和志愿者加入社区，开展专业培训和定点指导，提升居民的发展能力。例如，台湾的驻村艺术家制度，就是乡村旅游发展中的成功范例。

（二）加强管理，重塑社区旅游利益分配格局

行政主管部门的介入形成更为合理的旅游开发利益格局，加大旅游收入的二次分配，提升和扩大社区公共基础设施和服务，使更多人受益于旅游发展。新建包括社区图书馆、健身设施、社区活动中心等社区公共基础设施和公共服务体系等。政府、开发商加强梯田利用管理，投入专项资金和小额贷款，鼓励和帮助更多村民从事不同行业、产业的经营，扩充和夯实旅游产业链。

（三）推动共享的利益与年轻人的成长

村民是社区旅游发展主体，在发展社区旅游过程中要注重村民、乡村社区利益的实现。尤其在通过旅游发展解决乡村剩余劳动力就业、社区扶贫、社区社会福利提升等问题，充分考虑村民的优先权益。年轻人是社区社会发展的未来，但当前的许多农村青年都去城市务工，留守下来的妇女、儿童、老年人被戏称为"386199部队"。没有年轻人的社区，既没有文化的传承，也没有社区社会活力，要通过创业贷款、创业基金、提供技术培训和辅导等方式吸引年轻人回到社区，并让他们在创业创新中获得切实的成长和个人的发展。

（四）提升文化旅游产品质量

目前景区提供旅游项目主要的是梯田观光和民族文化体验两类，旅游项目单一，特别是民族文化体验项目有待发展。景区应充分挖掘民族文化，设计出参与性强的文化旅游项目，同时注意与梯田观光相结合，提高旅游者消费水平，促进景区的发展。

（五）与其他民族村寨联动发展

平安寨与黄洛瑶寨、金竹壮寨同属龙脊景区，地理相邻，民族风情各异，旅游项目各具特色，三个村寨应各取所长，差异互补，进行差异化发

展，加强合作，避免恶性竞争，强强联合提升景区的竞争力，带动整个龙脊景区旅游经济的和谐发展。

第二节 金坑旅游社会文化影响观察

一、村寨基本概况

（一）地理气候与环境

金坑由大寨村、田头寨、新寨、壮界、大毛界和大虎山等6个自然屯组成，分布在金坑梯田的中心和底部。金坑有水田746亩，旱地425亩，林地3656亩[①]。村寨地处桂北高寒山区，境内山体陡峭，地势险峻，属季风气候，雨量充沛，气候宜人，森林覆盖率高，冬无严寒夏无酷暑，四季冷热分明，干湿明显，昼夜温差大，年平均气温18.1℃，年平均降水量为1543毫米，年平均蒸发量为1216毫米，相对湿度为78%。由于旅游开发起步较晚，整个景区文化生态旅游资源保持良好，自然和人文景观比较协调，原生态的民族文化环境较为浓郁。

（二）区位环境

金坑距离著名旅游城市桂林市约100公里，距龙胜县城30多公里。县城到村寨口修有四级水泥公路，乘车一小时左右可到达。作为龙脊梯田景区的一部分，金坑位于旅游资源丰富的龙胜县内，寨内景点众多，与周围村寨，如平安寨、黄洛瑶寨、金竹壮寨距离较近，资源区域组合良好且在资源类型上形成互补。最为重要的是，金坑是一个典型的少数民族村寨，也是全国15个经典少数民族村寨之一，不仅景色优美，气候宜人，更具有独特的少数民族文化风情和原生态的人文及社会环境。良好的区位条件不仅为村寨旅游业提供了良好的市场机遇，也为村民提供了大量的就业机会。

（三）历史沿革

据史料记载，红瑶祖先为江浙带的骆越部族。大约在西汉初年或更早，他们带着当地的种桑养蚕技术和桑苗蚕种进入龙胜各族自治县境内。现在可查到的文献即可追溯到宋代桂林通判周去非所著的《岭外代答》，宋代著名文学家范成大所著《桂海虞衡志》中也对当时的龙胜瑶族有明确记录。周去非和范成大所描绘的桑江，即今天龙胜各族自治县的主干河桑江。

---

① 2015年笔者调研时获取的数据。

2015年笔者调研时，据寨中老人口述，龙胜红瑶是瑶族具有悠久历史的一支，迄今已有近2000年的历史。关于红瑶人口方面，据龙胜各族自治县史志工作办公室统计，龙胜全县瑶族人口有25 000多人，其中红瑶人口13 000多人，占瑶族总人口的52%。龙胜红瑶人口主要分布在县境东南方位，少部分分布于桑江上游两岸地势较低较平坦的地方。由于居住在偏远的山区，龙胜红瑶最初处于原始社会发展阶段，甚至有不事耕种、以狩猎为生者。后来有勤劳智慧的先民尝试在山区的旷野上开辟稻田，在野猪打滚的泥巴地里试种水稻，取得成功，此地由此称为"祖先田"。又因其地处山脚，也称"下耙田"。后来陆续有人入住此地并向更高处成功试种水稻，此地称"上耙田"。为纪念第一个开田的人，居民在金坑的祖先田前为第一个开田的夫妇建起了两尊石像，刻上了他们的丰功伟绩，以表示感谢。

（四）社会经济发展

红瑶的祖先迁徙到金坑后，就开始垦荒种田，依靠茂密的森林带来的水源进行灌溉。如今红瑶同胞仍旧以耕作梯田为生，过着自给自足的生活，也有很多的年轻人外出打工谋生。开发旅游后，种田已不再是当地瑶民唯一的收入来源。随着旅游业的发展，到金坑的游客越来越多，瑶民大多把自家的木楼办成民宿、小食店，当地人还可为游客做向导、当搬运工等，甚至还有人穿上民族服饰当专职的摄影模特，收入可观，日子越来越红火。根据龙胜县政府资料，2005年在扶贫资金的支持下，金坑大寨村引导群众以山水和民俗风情相结合发展旅游业，2011年接待游客达12.2万人次，村集体经济收入达56万元，全村农民人均纯收入4850元，走出了一条旅游扶贫新路子。2016年，金坑村民年终分红共473万元，最多一户领到了4.35万元。到2019年，景区内70%以上的群众开办有农家旅馆，吸纳了大批旅游服务和建设劳务用工。

（五）对外交通状况

2002年以前由于交通不便，村寨坐落于半山腰上，可进入性差一直成为阻碍当地旅游业发展的绊脚石，只有一些摄影家、画家、作家等步行五六小时到大寨村采风。直到2003年，随着四级公路修至村口，旅游景点全部开放，金坑的旅游业才得到全面开展。

（六）基础设施现状

（1）交通设施。发展旅游之后，金坑梯田景区内的交通设施有所提高，原来的土路也被现在的水泥路代替，大大地方便了游客和本地村民。各个观景台之间也有比较好走的石板路和砂石路相通。

（2）邮电通信设施。村寨早已接通了水、电、固定电话、闭路电视，移动和联通信号覆盖了整个区域，通信丝毫没有问题。有些旅馆为了方便旅客还开通了有线或无线网络，邮电通信设施基本能满足游客和当地村民的需求。

（3）给水排水设施。金坑各村寨的给水排水系统还有待完善。村民私接自来水现象时有发生，饮用水和梯田给水都比较混乱。给水排水系统也没有建立起来，当地村民、旅馆和餐馆等的生活用水大多数是直接排入水沟，然后流入梯田。

（4）防火设施。金坑的消防系统亟待完善，村民们的防范意识也很弱，由于寨子的房屋建筑很多都是木制的，在干燥的季节容易起火。2011年10月，被中外游客誉为龙脊梯田最高摄影点的金坑"全景楼"被一场大火夷为废墟，所幸无人员伤亡。事故因豆浆机电路短路而引发，由于地势较高，水压不足，前来救援的上百名村民只能眼睁睁看着大楼在大火中毁掉，造成了巨大的经济损失。这无疑为当地的消防问题敲响了警钟。

（5）环境卫生设施。金坑各村寨的垃圾处理系统也相对较差，游客和当地村民的环境意识都比较薄弱，垃圾桶的数量有限，环境卫生员的工作安排也不太恰当，存在很多的卫生死角。

二、村寨家族关系及社会组织

（一）家族关系

金坑因地下金矿多和地形酷似一个大天坑而得名，是龙脊十三寨之一。该村寨红瑶占98%，汉族仅占2%。据金坑村民委员会2019年统计资料，村民文化水平多为小学水平，人均年收入约3000元。寨中姓氏主要有潘、余、侯、粟，以瑶族大姓之一潘姓为主。

（二）社会组织

中华人民共和国成立前，金坑各村寨和其他少数民族村寨一样，实行寨老制度，村寨寨老组织是寨老制度的底层机构，它以氏族为单位。寨老由村寨群众民主推举产生，一般是由1人到3人组成，分工负责村寨社会秩序、主持祭祀、履行族长职责，如果只有寨老一人则包揽寨老、社长和族长三权。寨老制度以血缘为纽带，同姓居一寨有一个寨老组织。中华人民共和国成立后，各村寨建立了由村民委员会主任、村支书、生产队长等组成的村民委员会。旅游业的发展使得很多的外地人进入村寨从事旅游经营，这在一定程度上改变了村寨原有的社会结构。

三、金坑旅游发展情况

（一）重要旅游资源描述

金坑是一个集自然资源和人文资源于一体的旅游胜地，既有气势磅礴的大寨梯田，又有错落有致的民间建筑，既有风景怡人的自然美景，又有浓郁的少数民族风情掩映其中。这里不仅是中外摄影家向往的摄影天堂，也是中外游客眼中休闲观光的胜地。金坑的主要旅游景点包括"千层梯田""金佛顶""西山韶乐"等，金坑梯田景区是龙脊梯田景区重要的组成部分之一，也是最为壮观的一部分，梯田海拔在 800 米到 1100 米，总面积 1917 亩。

（1）梯田景观。其始建于元代，完工于清初，是广西一级风景名胜区。其线条行云流水，规模磅礴壮观，是桂林旅游的一个重要组成部分，是杰出的稻作文化景观。作为旅游品牌的"明星"，梯田的画面常常出现在电视、报刊和各种广告与宣传品上，成为中国的骄傲。金坑梯田是龙脊梯田的重要组成部分，相对平安寨梯田，金坑梯田更为壮观。

（2）古村落。金坑的村落多坐落在半山腰上，少则十几户，多则几十至上百户。错落有致的红瑶古建筑，干净明亮的吊脚木楼，拾级而上的青石板，和谐宁静的小桥流水，再配上韵味醇厚的红瑶山歌，靓丽如花的红瑶女子，使得红瑶村寨别具一番神秘含蓄的情调。和金竹壮寨一样，金坑以其独特的自然风光和原生态的民族风情，被评为首批 15 个中国景观村落、8 个经典景观村落之一。

依山的吊脚楼，在平地上用木柱撑起分上下两层，节约土地，造价低廉；上层通风、干燥、防潮，是居室；下层是猪牛栏圈或用来堆放杂物。建筑的第二层是饮食起居的地方，内设卧室，外人一般都不入内。卧室的外面是堂屋，那里设有火塘，一家人就围着火塘吃饭，宽敞方便。由于有窗，所以明亮，光线充足通风也好，家人多在此做手工活和休息，也是接待客人的地方。堂屋的另一侧有一道与其相连的宽宽的走廊，廊外设有半人高的栏杆，内有一大排长凳，家人常在此休息。

（3）民俗文化景观。第一类为民族工艺品类。金坑瑶族手工技艺，以织花、挑花、蜡染、制丝及造纸著称。其中盘瑶善造纸，花瑶精蜡染，红瑶织花、挑花、制丝技艺尤精。一是织花，红瑶家家都有木制的纺纱锦机，织花是在纺纱锦机上用竹片拔出纱线，穿梭编织锦纹，以彩色丝线的交错隐露而构成的图案。制作质料与方法：以大红棉线为经，浅色红、黄、绿、蓝、紫丝线为纬织成，花纹以几何图案为主。图样构思巧妙，线条粗细刚柔相宜，艳丽美观。织花手工艺品有锦衣、腰带。二是挑花，瑶族妇女擅长针线，个个会挑花。女孩十二三岁时就拜师学艺，试着挑花。一般先学平绣练习穿针走线，绣各种动物图案及花草图案。十四五岁时，学打绣各种动物图案，十六七岁就正式绣花衣。挑花，既不在布上画样，也不要摹本，凭记忆依布纹上的经纬线构思，叫"数布眼"，图案、各色丝线，心中有底。把底纹布翻之，在布背面逐用各色丝线，设色填充。其花纹多为几何图案，间描禽兽、花草、云朵、山水、栏杆等，形象逼真，色彩柔和，斑斓多姿，瑶族挑花可谓是一枝独秀。挑花手工艺品有红瑶已婚妇女穿的花衣、头巾等。随着旅游业的兴起，红瑶村寨冒出一批"挑花能手"。1995年9月，泗水乡细门村瑶族女青年杨桂婶，以挑花能手的身份参加在北京召开的第四次世界妇女大会，并当场表演挑花技艺，受到来自各国的妇女代表的高度赞赏。随身带去的几十件挑花工艺品被抢购一空，瑶族挑花由此蜚声中外。三是蜡染，汉代瑶族先民就有"织绩木皮，染以草实"的记载。到了宋代，瑶族已能用蓝靛和黄蜡在白布上，染出精美细致花纹图案，被称为瑶斑布。宋人周去非《岭外代答·服用门》中已有记载，这就是龙胜瑶族蜡染工艺的最早记载。瑶族精于蓝靛印染，至今仍保留有一套完整的印染技术。制作原料与方法是先用小竹签蘸蜡汁，直接在细白布上描绘鸡、鹅、腾龙、花瓣、排牙之类的形象，然后入蓝靛着色，再取出以清水煮沸，脱蜡，即现出白、蓝色相间的花纹。其形象逼真，色泽明艳，素净美观。红瑶妇女绘染技艺尤为精湛。蜡染工艺品有百褶裙、背袋等。

第二类为民族服饰。红瑶妇女服装的制作时间非常长，一套衣服约需数年。姑娘一般从十二三岁便开始绣花制衣，制成两三套方可出嫁。其刺绣图案主要有"土""弓"字形状，也有少量的鸟、鱼、花卉、蝶等图案。颜色以大红为主，其间掺有少量白、蓝、绿、黄和黑色。花纹主要配在衣服的背面和胸前及裙子的下边。头巾是一块一尺见方的青色布，每一角都刺有一拇指大的方形印，人们称此方形为"瑶王印"。佩戴时把其中一角的"瑶王印"系在额头的中央，使红瑶妇女更显稳重，也表示对瑶王敬意。瑶族妇女所用的花线是从自己养殖的桑蚕中提取蚕丝加工而成的。制成的服装既美观又大方，并且盛夏之际穿上不感炎热，隆冬季节穿上两套，打上绑腿也不觉寒冷。其精湛技艺、令人赞叹，实可谓民族工艺的精华。

第三类为特色饮食。龙脊水酒是一种发酵酒，被誉为"东方魔水"，水酒早在清朝已经被列为贡品，味醇厚、甘甜、营养丰富、口感十分好。糍粑，每年农历六月六的时候，村民们把米蒸熟后舂成的一种食物。

第四类为民族节日。金坑瑶族的节日众多，其中数农历六月初六的"晒衣节"和农历十月十六日的"盘王节"最为隆重。每逢农历六月初六,家家户户的瑶族女子都会把压在箱底心爱的花衣、花裙、花饰一件件拿出,在晒竿上、走廊上、窗檐上晾晒,那挂满的一排排粉红色上衣、黑色百褶裙、精致腰带、手绣丝巾煞是色彩绚丽、鲜艳夺目,形成一道独特的风景线,"晒衣节"因此得名。在这喜庆的日子里,瑶族同胞举行各式各样的特色活动。在大寨村里,瑶民杀鸡宰鸭、包粽子、舂糍粑,村民抬着"金狗"跟在师公后面,一路行祭拜礼仪为各家各户祈福,还有热闹非凡的千人迎新活动,瑶族姑娘在河边长发梳妆,多姿多彩的瑶族风情让人目不暇接。

每年农历十月十六日是瑶族群众最为盛大的节日,即"盘王节"。每到此时,当地瑶民都会身穿民族盛装,围着篝火跳起"盘王舞",唱起"盘王歌"。节日期间,瑶民们除要宴请宾朋外,还要祭祀神灵。附近村落的汉族乡亲也都会来到瑶寨,和瑶族同胞共同欢度节日。整个瑶山沉浸在喜庆、吉祥、欢乐的海洋中。瑶族人民杀鸡宰鸭,男女老少穿上节日盛装,汇集一起,首先要祭祀盘王,唱盘王歌,跳起黄泥鼓舞和长鼓舞,追念先祖功德,歌颂先祖英勇奋斗精神。其次,欢庆丰收,酬谢盘王,尽情欢乐。与此同时,男女青年则开展对歌活动,抓住良机择意中人。

第五类为宗教信仰。金坑村民受农耕环境的影响,对大自然的一切事物和祖先都特别的崇敬,尤其是对"土"格外的看重。

(二)旅游资源定性评价

(1)自然资源优越。金坑坐落在越城岭大山脉之中,四面高山阻隔,经济性质仍然是自产自给为主。龙胜最高峰福平包(海拔1916米)坐落在小寨屋后,在福平包海拔1500米以上仍然保有茂密的原始森林。这里溪流众多,水源充足,山上植被四季常青。山寨的房屋是清一色的吊脚楼,错落有序的山寨与大山融为一体,古朴清雅,画意十足,来到金坑大有返璞归真、回归自然之感。

(2)民族特色突出。金坑是典型的瑶族聚居区,民族成分比较单一,瑶族文化特色鲜明。节庆活动的可参与性强,这和梯田融合在一起充分折射出高山农耕文化的特色。民间信仰文化奇特、浓郁的氛围能满足旅游者猎奇的心理需求。民族服饰的图案鲜活,制作精美,深得旅游者的喜爱。在这里你可以看到古朴的民族舞蹈和保存完美的民族服饰,可听到优美的山歌,享受原汁原味的民族风情,龙脊铜鼓舞、师公舞、打扁担令人耳目一新。

(3)旅游资源组合度高。整个金坑坐落于崇山峻岭中,梯田风光与建筑景观有机结合,浑然一体。既能从不同的角度观赏梯田风光,也可以欣赏有序的民族建筑物。并且，龙胜各族自治县是多个少数民族的聚集地，各个民族都有其自身吸引人的文化特色，这在无形中就形成了一种互补。多条旅游线路将梯田和村寨环绕成一个闭合景区，做到高山农耕观光和民族文化体验两不误。

（三）旅游发展历程

金坑梯田的开发是从 2000 年开始的，旅游开发前金坑是龙胜各族自治县最贫困的山村之一。过去金坑人世世代代耕种水田，以农耕为主，过着自给自足的生活，属于典型的自然经济生产方式。此外，旅游开发前，金坑村民很少与外界接触，要去县城，只能步行到双河口，或者从潘内村下到泗水乡才能乘车去县城，一般要走四五个小时。交通不便、文化落后，使金坑长期处于贫困落后的局面。1994 年，中央电视台在金坑拍摄了电视纪录片《龙脊》，在中央电视台播放该纪录片以后，《龙脊》又在其他数家电视台相继播放。通过该纪录片，越来越多的人有机会了解金坑梯田的美景和丰富多彩的红瑶民风民俗。在红瑶美景的吸引下，喜欢搞摄影的中外游客硬是从平安寨、金江村步行五六小时，翻山越岭来到金坑。

2003 年政府投资 400 多万元，开通了双河口至大寨村的公路，大寨村的旅游业迅速发展。如今已经形成了吃、住、行、游、购、娱的一条龙服务模式，旅游发展初具规模。据旅游公司统计，村中的旅游及相关商业设施有商店、小型咖啡厅，床位达 1500 多张的农家旅馆。2005 年时，大寨村已有 180 多户完成了"五改一建设工程"，全村的卫生面貌大大改善。硬化的旅游道路达 3000 多米，寨底建有能停 80 辆汽车的停车场。如今大寨村共设有三个旅游景点，分别为"千层天梯""西山韶乐""金佛顶"景观。据龙胜各族自治县统计数据，2007 年到金坑梯田观光的中外游客已经达到了 15 万人次，"黄金周"每天更是高达 2000 多人次，2019 年金坑大寨村接待中外游客达 80 万人次。

可以大致将金坑的旅游发展分为以下几个阶段：第一阶段是起步阶段。2002 年游客少，无公路和旅游基础设施，有少量家庭旅馆出现，居民人均收入为每年 948 元。2003 年四级公路已修至村口，旅游景点全面开放，游客年接待量达到 3.42 万人次，旅游发展初具规模。2004 年金坑村民委员会与桂林龙脊温泉旅游有限责任公司签订协议，村民负责景区内的经营事项，旅游投入增加，游客上升为 5.28 万人次。第二阶段是进入新时期旅游发展新阶段。2005 年至今，"五改一建设工程"实施，硬化道路增长，旅游基础设施增强，景点品味上升，游客稳步增加。

（四）社区参与情况

目前，大寨村旅游管理体制是以龙胜各族自治县政府主导、桂林龙脊温泉旅游有限责任公司为主体，实行承包开发，旅游公司负责收取门票，联系客源工作，村民负责景区内的经营事项。村民景区内的经营主要包括开家庭旅馆、抬轿子、背行李、卖手工艺品、卖土特产品和当导游。景区门票收入按景区游客量分给村民。

（1）家庭旅馆。2003年旅游开发以来，大寨村居民陆续开起了家庭旅馆，规模从十几个到五六十个床位不等。据龙胜各族自治县旅游局所辖企业龙脊景区建设开发总公司统计，截至2008年9月金坑已开有52家家庭旅馆，日住宿接待量可达1500多人。至2019年全村开办的农家乐有188家，景区内70%以上的群众开办有农家旅馆。经营模式上，金坑家庭旅馆有三种模式，一种是本地居民自主经营，另一种为外来人员投资经营，还有一种为外来人员投资，村民承包经营。其中外来人员投资经营的有五六家，如规模较大的"全景楼"，外来人员投资，村民承包的如"乡巴佬山庄"。

（2）抬轿子、背行李、当导游。金坑梯田景区的抬轿子和背行李是由村干部和村民协商，分组进行的。抬轿子共分为八组，每组八天轮一次。村民每抬一个景点的价格为150～180元不等，收入直接由抬轿者获得。背行李的分工形式和抬轿子基本相同。但因为背行李者人数较多，每个自然村分为三组，轮流制度和抬轿子一致，价格为25～35元。也有一些年轻女孩积极要求当游客的导游，价格在30元左右。

（3）卖手工艺品和土特产品。卖手工艺品者主要由已婚妇女组成，这也是参与人数最多的一个队伍。手工艺品经营种类多样，主要有民族服饰、手镯、披肩、围巾、桌布、手提包等。据金坑村民委员会统计，金坑村村民直接参与旅游业的占50%，间接参与旅游业的占62%。

（4）旅游分红。村寨所享受的景区利益分成比例为7%，具体落实到各村各户则按每户的人口数量和梯田维护数量及质量来进行分配。据大寨村支书潘保玉介绍，2003年全村人均收入不足700元，到了2019年村民人均收入5000多元，全村275户1246人共领取了720万元的"年终奖"，村民们靠旅游业走上了致富路。

四、旅游开发对金坑的社会文化影响分析

（一）旅游开发对金坑的正面影响

（1）有利于改善居民生活。旅游开发前居民长期以自给自足的生活

方式为主，旅游业的繁荣给当地居民的生活水平带来了质的变化，不仅增加了居民的收入水平，还开阔了居民的视野，增长了他们的见识，提高了他们摆脱贫穷的能力。

（2）有利于改善和扩大就业。旅游业是一项劳动密集型产业，发展旅游业有利于解决劳动就业问题。一方面，旅游业发展扩大了金坑的直接就业人数，50%的人口直接参与从事家庭旅馆、卖手工艺品、背行李的活动，还有一些村民委员会的干部被聘为龙胜各族自治县龙脊风景名胜区管理局的员工。另一方面，旅游业也扩大了金坑的间接就业人数，特别是为家庭妇女提供了大量的就业机会。

（3）开创红瑶民族文化的品牌。现在不少旅游线路着眼于突出民间文化的内容。因此旅游产品的直接开发就以民俗风情为主题，这种现象风靡全国，如云南就是以民俗风情游吸引了世界人的眼球。红瑶也不例外。对于金坑景区来说，红瑶传统文化是一种重要的旅游资源，为发展民族文化旅游，使民族文化旅游资源为当地经济社会服务，龙胜各族自治县政府非常注重红瑶民族文化品牌的创立工作，这就为民族文化旅游的顺利开展提供了组织上的保证。

（4）有利于提高基本公共设施。环境是旅游业的基础，旅游可以通过基本公共设施的建设和改进带来环境上的效益。2003年，龙胜各族自治县政府对大寨村旅游公路的大力投资，修建旅游道路和停车场，寨内也实施"五改一建设工程"，铺建石板路、修建风雨桥，不仅增强了大寨村的可进入性，更给周围的环境景观增加了美感和趣味。从旅游者的态度中，村民逐渐认识到旅游者对环境是十分关切的，出于经济利益的诱因，居民的环境保护意识有所提高。

（5）有利于促进村民文化水平提高。旅游是一个在异域环境相互接触和碰撞的活动，游客的价值观念和意识形态难免对居民的生活和行为造成一定的影响。金坑旅游开发使村民认识到文化的重要性，认识到教育是改变他们生活和精神面貌的唯一出路，他们逐渐摒弃了过去那种儿孙多、福气多的思想。从村民自身来讲，旅游业的开展扩宽了村民的视野，激励他们更加努力地劳动、工作。

（6）有利于提高村民保护民族文化的积极性。旅游为村民带来可观收入的同时，村民对旅游业的依赖程度明显加大。经济收入水平的提高使村民对民族文化保护的积极性越来越强，他们不仅保护当地的文化精粹，还重新挖掘、整理、更新那些濒临灭绝的民间传统，促进传统艺术形式的复兴。此外，旅游管理当局也通过政策制定、规划制订等措施对当地文物古迹进行保护，并从财政上对民间艺术给予支持，促使民族文化得以长远生存和发展。

（二）旅游开发对金坑的负面影响

（1）过度开展旅游活动造成环境污染和景观破坏。大量游客的涌入使金坑的排污成为一大难题，在吃、住、行、游、购、娱过程中，大量未经适当处理的生活污水排入河中，这对于旅游者和当地村民的身体健康都是一个潜在的危害。另外，在旅游开发过程中，金坑由于景区规划不合理，政府管理力度不够，村民随地修建了大量与周围环境格格不入的农家旅馆和其他设施，无论是在楼层安排、建筑材料，还是在室内设置上都与周围生态环境、与旅游管理当局的规定不相符合，不仅造成遮景、败景，更降低了风景区的吸引力。

（2）旅游者示范效应对红瑶精神文化产生冲击。旅游业带来的大量游客与当地人直接或间接相遇，必然引起外来文化与本土文化的碰撞，外来文化由于庞大的游客群体居于明显的强势地位，红瑶文化在这种"地位势差"下发了逆向转变。红瑶在这方面的变化表现在两个方面：一方面在村民与旅游者的互动过程中。旅游者将本民族或本国的文化带进金坑，对当地的传统文化产生冲击，一些当地居民盲目地、不加区分地接受外来文化，模仿旅游者的生活方式、消费观念、价值观念等，本民族文化逐渐被同化。另一方面旅游者的消费方式和言行举止使年轻一代村民对本民族文化的价值产生了怀疑，他们不愿意再沿袭本民族文化，做民族文化的传承者和接班人，更愿意走出村寨，闯出一片天地。

（3）旅游业中的利益驱动使红瑶文化商品化、扭曲化。外来旅游者带给旅游地居民的压力破坏了原有的生活秩序与当地文化的自然状态，旅游地居民对外来强势文化的盲目仿效与追随势必淡化原生态文化的特点与韵味。为增加旅游吸引力，满足游客的猎奇心理，红瑶旅游项目中把独特的少数民族传统文化作为一种旅游资源加以开发，并出售给旅游者。从表面看红瑶的传统文化依然存在，其实从某种程度上早已失去了原有的意义。特别是一些节目的篡改、包装、再造，使仅作短暂停留的游客无法辨别文化的真伪，不仅丧失文化的"本真性"，更使传统文化强烈扭曲。

（4）旅游地的商业化气息造成村民传统价值观的退化。红瑶群众长期以来形成了自己独特的价值体系，勤劳勇敢、互帮互助、热情好客、重义轻利的光荣传统已经延续了几百年的历史。但随着旅游活动的开展，外来旅游者的价值标准、生活方式使村民的价值观念发生了急剧的变化。其主要表现在三个方面：一是金钱观念的出现；二是竞争意识的出现；三是唯利是图现象的出现。例如，为了金钱，村民之间拉客宰客，对游客穷追不舍，伪劣商品泛滥，欺诈行为时有发生，结果使得民族旅游村寨商业气息浓厚，村民淳朴的民风受到污染。

（5）外来生活方式、价值取向的介入导致红瑶的传统制度文化淡化。旅游接待所引起的经济利益争端加速了村民古老的风俗习惯、伦理道德的变异，一定程度上损害了邻里之间的和谐友好，损害了接待地原本良好的旅游氛围。例如，红瑶传统的族长、寨老制度逐渐淡化。家庭结构日益松散，亲属关系日渐淡漠，原来父权制度及尊老爱幼的风气被削弱，节庆风俗逐渐同化、弱化或遗失。

五、对金坑旅游发展的建议

（一）加强公共基础设施建设

鉴于当前金坑给排水系统、垃圾处理、消防安全、交通设施相对较差等问题，景区管理者和政府等应及时地进行相关规划，争取早日解决这些障碍。例如，对于村民生活用水的排放问题可以修建污水处理管道加以解决；而针对景区内随意乱扔的垃圾的问题，则可适当增加垃圾桶的数量，同时制定相应的处罚条例，对随意丢弃垃圾而屡教不改者给予必要处罚。条件允许时，要加大公共文化娱乐设施建设，提高居民文化生活质量。新建图书馆、文娱活动中心、公共健身设施，设立教育基金和老年人补贴等。

（二）适度开发，注重保护

梯田是金坑旅游发展的重要资源，开发商（投资商）、社区居民和地方政府及旅游主管部门等利益相关者在开发的时候一定要注意保护，才有可能实现金坑旅游的可持续发展。条件允许时，设立梯田保护专项资金和社区发展基金，对种植和维护梯田的村民给予适度的经济补贴。

（三）深层次挖掘文化内涵，增加旅游产品

对于金坑这样一个手工业、民间工艺品资源丰富的村寨，政府和旅游管理部门可以积极引导，鼓励和扶持发展特色工艺品产销业。例如，在村寨内恢复原始的手工作坊等，并在手工艺品推广过程中突出人文特色，以故事或传说的形式口头讲解，让游客了解这些手工艺品形成的原因，凸显其民族特色。通过深层次挖掘民族文化，设计出更多具有吸引力的旅游产品，以拉动游客消费。

（四）努力提高村民的参与度

社区居民是文化的载体和主人，只有当地居民广泛参与并从中得到利益，才能使他们意识到本民族文化的价值，从而激发其民族文化自豪感与民族文化保护意识。应在村寨中成立专门的机构,在村民中选择合适的人员,通过多种方式听取村民的意见和建议,让村民有权参与旅游规划、管理政策的制定。这个机构还可以同时负责相关政策的传达和执行。在此基础上,对村民、景区管理人员等旅游从业者的培训也不容忽视。

参 考 文 献

包富华，杨尚英. 2016. 2000年以来国内旅游的社会文化影响的研究回顾[J]. 世界地理研究，25（5）：142-152.

贝塔朗菲 L V，王兴成. 1978. 普通系统论的历史和现状[J]. 国外社会科学，（2）：66-74.

蔡碧凡，俞益武，张建国，等. 2007. 当地居民对"农家乐"旅游影响的感知及态度研究——以浙江省衢州市七里乡为例[J]. 桂林旅游高等专科学校学报，（3）：391-395.

陈东芝. 2011. 民族旅游地居民对文化景观变迁的感知研究[J]. 湖州师范学院学报，33（1）：103-108.

陈金华，周灵飞. 2008. 海岛居民对旅游影响感知的实证研究——以福建东山岛为例[J]. 地域研究与开发，（2）：90-94.

陈丽坤. 2011. 离析现代化与旅游对民族社区的文化影响——西双版纳三个傣寨的比较研究[J]. 旅游学刊，26（11）：58-64.

陈秋玲. 2010. 社会风险预警研究[M]. 北京：经济管理出版社.

陈婷. 2008. 城市居民对旅游影响的感知及差异分析——以武汉市黄鹤楼为例[J]. 华中师范大学研究生学报，（4）：135-139，148.

谌莉，杨兆萍，董国涛. 2009. 旅游对喀纳斯村图瓦社区影响的多层次灰色评价[J]. 中国软科学，（2）：91-97.

谌永生，王乃昂，范娟娟，等. 2005. 敦煌市居民旅游感知及态度研究[J]. 人文地理，（2）：66-71.

储成芳. 2011. 国外旅游社会文化影响研究进展[J]. 经济研究导刊，（31）：161-162.

崔晓明，Ryan C. 2010. 欠发达地区居民对旅游影响的感知和态度的实证研究[J]. 西南民族大学学报（人文社科版），31（8）：187-191.

戴凡，保继刚. 1996. 旅游社会影响研究——以大理古城居民学英语态度为例[J]. 人文地理，11（2）：37-42.

戴林琳，盖世杰. 2011a. 节事旅游对乡村聚落影响的居民感知差异研究——以京郊江水河村和长哨营村为例[J]. 人文地理，26（4）：109-114.

戴林琳，盖世杰. 2011b. 基于结构方程模型的乡村节事及节事旅游影响的居民感知研究——以北京长哨营村为例[J]. 北京大学学报（自然科学版），47（6）：1121-1128.

丁华，戴宏，李红品. 2008. 地质公园旅游目的地居民对旅游影响的感知与态度研究——以陕西省翠华山国家地质公园为例[J]. 西北农林科技大学学报（社会科学版），（3）：92-97.

窦开龙. 2009. 神圣帷幕的跌落：民族旅游与民族宗教文化的世俗化变迁——以甘南拉卜楞为个案[J]. 宁夏大学学报（人文社会科学版），31（6）：102-105.

杜芳娟. 2003. 旅游心理与旅游"文化殖民"[J]. 贵州师范大学学报（自然科学版），（2）：30-32.

杜江, 向萍. 1999. 关于乡村旅游可持续发展的思考[J]. 旅游学刊, (1): 15-18.
杜忠潮, 邢东兴, 李玲. 2007. 汉唐帝陵旅游地居民对旅游影响的感知分析——陕西省茂陵、乾陵实证研究[J]. 宝鸡文理学院学报（自然科学版）, (1): 73-77.
樊国敬. 2011. 基于模糊数学的旅游目的地综合评价[J]. 统计与决策, (15): 186-188.
冯红英, 赵金涛. 2009. 京津走廊乡村旅游地居民对旅游影响的感知及开发对策研究——以河北省永清县杨家营村为例[J]. Journal of Landscape Research, 1 (6): 88-94.
冯磊, 白秀峰, 齐静文. 2010. 少数民族地区居民对旅游节事影响的感知研究——以广西恭城瑶族自治县大岭山村为例[J]. 南宁职业技术学院学报, 15 (2): 68-71.
弗里曼 R E. 2006. 战略管理: 利益相关者方法[M]. 王彦华, 梁豪译. 上海: 上海译文出版社.
龚锐. 2011. 旅游人类学教程[M]. 北京: 旅游教育出版社.
关俊利, 谢雨萍. 2011. 生态农业旅游开发的社会文化效应的因子分析——以桂林市红岩月柿生态农业旅游区为例[J]. 安徽农业科学, 39 (2): 925-927, 935.
管兵中, 卢松, 张明珠, 等. 2007. 城市居民对乡村旅游影响的感知研究——以上海、南京为例[J]. 亚热带资源与环境学报, (4): 76-81.
郭齐胜. 2003. 系统建模原理与方法[M]. 长沙: 国防科技大学出版社.
郭伟, 柳玉清, 张素梅, 等. 2006. 目的地居民对旅游影响的认知态度实证研究[J]. 中国人口·资源与环境, (5): 57-61.
胡幸福, 胡静. 2011. 旅游影响下古村落文化嬗变评价体系的构建[J]. 天津大学学报（社会科学版）, 13 (4): 312-315.
黄秀琳, 官青木. 2010. 妈祖文化旅游地居民的旅游感知研究——以莆田湄洲岛为实证研究[J]. 河北旅游职业学院学报, 15 (1): 26-32.
黄燕玲, 罗盛锋. 2008. 基于居民感知的少数民族地区农业旅游影响研究——以贵州巴拉河旅游区为例[J]. 贵州民族研究, (3): 145-153.
黄玉理. 2006. 旅游地居民对旅游的感知与态度研究——以世界遗产地平遥、丽江古城为例[D]. 北京: 北京第二外国语学院.
蒋长春. 2010. 湄洲岛居民对旅游影响的感知研究[J]. 华侨大学学报（哲学社会科学版）, (1): 43-49.
柯林斯 L, 马科夫斯基 M. 2014. 发现社会: 西方社会学思想述评[M]. 北京: 商务印书馆.
郎富平, 杨眉. 2006. 社区居民对乡村旅游的态度感知分析[J]. 中国农村经济, (11): 68-74.
李琛, 葛全胜, 成升魁. 2011. 国内旅游目的地居民旅游感知实证研究——以御道口森林草原风景区为例[J]. 资源科学, 33 (9): 1806-1814.
李凡, 金忠民. 2002. 旅游对皖南古村落影响的比较研究——以西递、宏村和南屏为例[J]. 人文地理, (5): 17-20, 96.
李经龙, 郑淑婧, 周秉根. 2003. 旅游对旅游目的社会文化影响研究[J]. 地域研究与开发, (6): 80-84.
李茂林. 2009. 基于居民感知的少数民族文化旅游可持续发展研究——以郎德上寨为例[J]. 经济研究导刊, (34): 162-163.
李明华. 2001. 山区社会学引论[M]. 北京: 中国林业出版社.
李先锋, 何健. 2010. 乡村旅游对回族社区居民社会文化影响的实证调查与分析——以宁夏古城村为例[J]. 资源与产业，12（1）：95-100.

李娅，杨先明. 2011. 发展失衡与社会预警：以中国西部五省区为例[M]. 北京：知识产权出版社.

李燕琴. 2011. 旅游扶贫中社区居民态度的分异与主要矛盾——以中俄边境村落室韦为例[J]. 地理研究，30（11）：2030-2042.

李峥. 2007. 乡村居民对乡村旅游发展的感知和态度——以成都市三圣乡为例[J]. 重庆工学院学报（社会科学版），（6）：31-34.

李志飞. 2006. 少数民族山区居民对旅游影响的感知和态度——以柴埠溪国家森林公园为例[J]. 旅游学刊，（2）：21-25.

梁玉华，杨爱军. 2006. 贵州天龙屯堡文化旅游可持续发展研究——兼论文化生态脆弱区旅游业的可持续发展[J]. 生态经济，（7）：119-122.

刘葆，苏勤，葛向东. 2005. 传统古民居旅游地旅游影响居民感知的比较研究——以西递、周庄为例[J]. 皖西学院学报，（2）：64-68.

刘德秀，秦远好. 2008. 旅游地居民对旅游影响的感知与态度——以重庆南川区金佛山为例[J]. 西南大学学报（社会科学版），（4）：133-138.

刘卫国，付健，吴晓山，等. 2011. 传统体育赛事节庆旅游开发对民族地区社会文化的影响——以广西融安龙舟节为个案[J]. 河北体育学院学报，25（2）：85-88.

刘燕. 2005. 旅游业的发展对丽江古城社会文化的影响[J]. 云南地理环境研究，（S1）：29-32.

刘迎华，朱竑. 2006. 海陵岛旅游的社会文化影响研究[J]. 旅游学刊，（11）：36-42.

刘赵平. 1998. 社会交换理论在旅游社会文化影响研究中的应用[J]. 旅游科学，（4）：30-33.

刘赵平. 1999. 旅游对目的地社会文化影响研究结构框架[J]. 桂林旅游高等专科学校学报，（1）：29-34，56.

刘振礼. 1992. 旅游对接待地的社会影响及对策[J]. 旅游学刊，（3）：51-60.

卢松，陈思屹，潘蕙. 2010. 古村落旅游可持续性评估的初步研究——以世界文化遗产地宏村为例[J]. 旅游学刊，25（1）：17-25.

卢松，张捷，李东和，等. 2008. 旅游地居民对旅游影响感知和态度的比较——以西递景区与九寨沟景区为例[J]. 地理学报，（6）：646-656.

卢松，张捷. 2009. 古村落旅游社区居民生活满意度及社区建设研究——以世界文化遗产皖南古村落为例[J]. 旅游科学，23（3）：41-47.

卢小丽，武春友. 2008. 居民旅游影响感知的模糊综合评价[J]. 管理学报，（2）：199-202，207.

卢小丽，肖贵蓉. 2008. 居民旅游影响感知测量量表开发的实证研究[J]. 旅游学刊，（6）：86-89.

吕君. 2010. 我国社区参与旅游发展研究的脉络——旅游可持续发展的路径抉择[J]. 内蒙古财经学院学报，（4）：61-66.

马汇. 2011. 浅谈民族旅游开发对目的地日常生活民俗变迁的影响——以贵州省郎德上寨为例[J]. 贵州民族学院学报（哲学社会科学版），（3）：82-86.

马英. 2005. 旅游开发对社区的社会文化影响研究——以丘北普者黑仙人洞村为例[D]. 昆明：云南师范大学.

茆长荣. 2006. 旅游开发对传统村寨的文化影响研究[J]. 南京晓庄学院学报，（4）：91-95.

孟华, 范方堃. 2010. 世界遗产地旅游发展对社区居民的影响研究——以泰山为例[J]. 泰山学院学报, 32（5）: 61-66.

宁宣熙, 刘思峰. 2006. 管理预测与决策方法[M]. 北京: 科学出版社.

欧阳润平, 覃雪. 2010. 目的地居民旅游影响感知量表研究[J]. 湖南大学学报（社会科学版）, 24（3）: 47-52.

欧阳润平, 王立. 2007. 张家界游客、居民及旅游从业人员旅游发展感知研究[J]. 湖南大学学报（社会科学版）,（1）: 51-56.

潘秋玲, 李雪茹. 2006. 旅游开发对西安传统民俗文化的影响效应[J]. 地域研究与开发,（1）: 83-87.

琼达, 旺姆, 赵佩燕. 2010. 西藏林芝地区旅游的社会文化影响研究[J]. 四川林勘设计,（4）: 34-39, 61.

申葆嘉. 1999. 论旅游现象的基础研究[J]. 旅游学刊, 14（3）: 58-60, 79.

宋振春, 陈方英, 宋国惠. 2006. 基于旅游者感知的世界文化遗产吸引力研究——以泰山为例[J]. 旅游科学,（6）: 28-34.

宋子千, 宋瑞. 2010. 古村镇旅游开发效果评价: 居民感知、专家意见及其对比[J]. 旅游学刊, 25（5）: 56-60.

孙九霞, 黄秀波, 王学基. 2017. 旅游地特色街区的"非地方化": 制度脱嵌视角的解释[J]. 旅游学刊, 32（9）: 24-33.

孙九霞, 马涛. 2009. 旅游对目的地社会文化影响研究新进展与框架[J]. 求索,（6）: 72-74.

孙九霞, 吴传龙, 凌玲. 2018. 旅游地特色饮食的地方化: 丽江三文鱼的生产与消费[J]. 南开管理评论, 21（2）: 182-191.

孙九霞, 许泳霞. 2018. 文化资本化视角下"非遗"的表述与重构——以丽江纳西刺绣为例[J]. 思想战线, 44（3）: 21-27.

孙晓. 2009. 利益相关者理论综述[J]. 经济研究导刊,（2）: 10-11.

唐铁顺. 1998. 旅游目的地的社区化及社区旅游研究[J]. 地理研究, 17（2）, 145-149.

唐晓云, 秦彬, 吴忠军. 2010. 基于居民视角的农业文化遗产地社区旅游开发影响评价——以桂林龙脊平安寨为例[J]. 桂林理工大学学报, 30（3）: 461-466.

唐晓云, 赵黎明. 2006. 农村社区生态旅游发展分析——基于利益相关者理论[J]. 西北农林科技大学学报（社会科学版）,（2）: 93-97.

唐雪琼, 朱竑. 2010. 旅游发展对云南世居父权制少数民族妇女社会性别观念的影响——基于撒尼、傣和哈尼三民族案例的比较研究[J]. 人文地理, 25（1）: 123-128.

田应华, 刘军林, 陈国生. 2011. 旅游社会学概论[M]. 北京: 中国财富出版社.

涂玮, 刘庆友, 金丽娇. 2008. 基于自组织神经网络的居民区域旅游影响感知研究——以安徽省灵璧县为例[J]. 旅游学刊,（9）: 28-34.

汪德根, 王金莲, 陈田, 等. 2011. 乡村居民旅游支持度影响模型及机理——基于不同生命周期阶段的苏州乡村旅游地比较[J]. 地理学报, 66（10）: 1413-1426.

汪彦. 2008. 社区居民对乡村旅游发展的感知和态度探究——以安徽省安庆市龙山村为例[J]. 安徽农业大学学报（社会科学版）,（5）: 8-12.

王伯承, 吴晓萍. 2016. 风险社会与生态移民社区治理[J]. 西北民族大学学报（哲学社会科学版）,（6）: 135-141.

王帆, 赵振斌. 2007. 旅游影响下的古村落社会文化变迁研究——以陕西韩城党家村为例[J]. 桂林旅游高等专科学校学报，（5）：761-764，769.
王宏兰. 2006. 旅游资源开发的社会文化影响初探——以泰宁县为例[J]. 南平师专学报，（4）：110-113.
王鹏辉. 2015. 国内外旅游的社会文化影响研究进展[J]. 西部发展研究，（1）：159-167.
王世金，焦世泰，李曼. 2011. 藏族聚居区旅游对社会文化的影响研究——以甘肃省夏河县拉卜楞镇为例[J]. 旅游论坛，4（5）：93-97.
王素洁，Harrill R. 2009. 目的地居民对旅游影响的评价研究——来自山东省的实证检验[J]. 旅游科学，23（2）：25-30.
王小辉. 2011. 旅游社区居民对乡村旅游社会文化影响研究——以焦作云台山景区居民感知分析为例[J]. 西安邮电学院学报，16（6）：99-102.
王忠福. 2009. 旅游目的地居民旅游感知影响因素研究[D]. 大连：大连理工大学.
王忠福. 2011. 城市居民旅游环境影响与社会文化影响感知问卷量表的开发[J]. 管理评论，23（8）：36-45.
韦伯 M. 1997. 经济与社会（上卷）[M]. 林荣远译. 北京：商务印书馆.
文军. 1997. 社区发展论略[J]. 中国社会工作，（5），25-27.
沃尔，马西森. 2007. 旅游：变化、影响与机遇[M]. 肖贵蓉译. 北京：高等教育出版社.
吴必虎. 2004. 区域旅游规划原理[M]. 北京：中国旅游出版社.
吴畏，于佳祥，马国义，等. 2011. 环京津地区居民体育旅游影响态度类型研究[J]. 河北体育学院学报，25（2）：10-13.
吴晓萍，何彪. 2000. 民族地区旅游开发与民族社区的可持续发展[J]. 贵州民族学院学报（哲学社会科学版），（1）：77-84.
吴忠军，周密. 2008. 壮族旅游村寨干栏式民居建筑变化定量研究——以龙胜平安壮寨为例[J]. 旅游论坛，1（6）：451-457.
吴忠军，周密. 2009. 基于人工神经网络的侗族旅游村寨歌舞变化定量研究[J]. 旅游论坛，2（1）：140-144.
席宇斌，白秀峰，冯磊，等. 2010. 基于感知视角的旅游节事影响模糊综合评价——以恭城桃花节为例[J]. 科技情报开发与经济，20（16）：146-148，171.
肖光明，郭盛晖，汤晓敏. 2007. 古村落旅游开发的社会文化影响研究——以德庆县金林水乡为例[J]. 热带地理，（1）：71-75.
谢婷，钟林生，陈田，等. 2006. 旅游对目的社会文化影响的研究进展[J]. 地理科学进展，（5）：120-130.
谢婷，钟林生，唐治元. 2009. 旅游对移民区社会文化影响的实证研究——以湖南资兴市东江湖景区为例[J]. 资源与产业，11（4）：128-132.
徐崇云，顾铮. 1984. 旅游对社会文化影响初探[J]. 杭州大学学报（哲学社会科学版），（3）：53-58.
徐永祥. 2000. 社区发展论[M]. 上海：华东理工大学出版社.
许春晓，邹剑，李纯. 2009. 开发探索期旅游地居民的旅游影响感知研究——以湘西里耶为例[J]. 旅游研究，1（3）：72-78，92.
宣国富，陆林，章锦河，等. 2002. 海滨旅游地居民对旅游影响的感知——海南省海口市及三亚市实证研究[J]. 地理科学，（6）：741-746.
薛宝琪，刘长运，范红艳. 2011. 目的地居民旅游感知态度研究——以丹江口水库南部东岸及南岸为例[J]. 地域研究与开发，30（1）：99-103.

杨懿, 杨先明. 2015. 旅游地"荷兰病"效应: 旅游负面经济影响研究新视角[J]. 财经理论与实践, 36 (5): 133-137.

张纯洁. 2009-10-16. 浅谈旅游社区建设[N]. 中国旅游报, (11).

张宏晓. 2011. 布劳社会交换理论视角下的农民工城市融合分析[D]. 成都: 西南交通大学, 2011.

张文, 唐飞. 2004. 评述 Ap 和 Crompton 的旅游影响评估尺度[J]. 北京第二外国语学院学报, (1): 55-63.

张文. 2003. 审视阳朔旅游的发展: 社会文化影响的调查与比较[J]. 旅游学刊, (5): 15-20.

赵福祥, 方曦来, 李全德, 等. 2003. 社区旅游对少数民族地区的影响及对策研究[J]. 桂林旅游高等专科学校学报, (2): 52-54.

赵红梅, 李庆雷. 2012. 回望"真实性"(authenticity)(上)——一个旅游研究的热点[J]. 旅游学刊, 27 (4): 11-20.

中国大百科全书总编辑委员会《社会学》编辑委员会, 中国大百科全书出版社编辑部. 1991. 中国大百科全书: 社会学[M]. 北京: 中国大百科全书出版社.

宗晓莲, 朱竑. 2004. 国外旅游的社会文化影响研究进展[J]. 人文地理, (4): 14-21.

左冰, 保继刚. 2008. 从"社区参与"走向"社区增权"——西方"旅游增权"理论研究述评[J]. 旅游学刊, (4): 58-63.

左冰, 保继刚. 2012. 制度增权: 社区参与旅游发展之土地权利变革[J]. 旅游学刊, 27(2): 23-31.

Ap J, Crompton J L. 1998. Developing and testing a tourism impact scale[J]. Journal of Travel Research, 37 (2): 120-130.

Clarkson M E. 1995. A stakeholder framework for analyzing and evaluating corporate social performance[J]. Academy of Management Review, 20 (1): 92-117.

Cohen E. 1979. The impact of tourism on the hill tribes of Northern Thailand[J]. Internationales Asien-Forum, 10 (1/2): 5-38.

Davis D, Allen J, Cosenza R M. 1988. Segmenting local residents by their attitudes, interests, and opinions toward tourism[J]. Journal of Travel Research, 27 (2): 2-8.

Dyer P, Gursoy D, Sharma B, et al. 2007. Structural modeling of resident perceptions of tourism and associated development on the Sunshine Coast, Australia[J]. Tourism Management, 28 (2): 409-422.

Fishbein M. 1963. An investigation of the relationships between beliefs about an object and the attitude toward that object[J]. Human Relations, 16 (3): 233-239.

Fox R. 1997. Towards a recognizable cultural identity of Croatian tourism [J]. Tourism and Hospitality Management, 3 (1): 33-44.

Freeman R E. 1984. Strategic Management: A Stakeholder Approach[M]. Boston: Pitman.

Gursoy D, Rutherford D G. 2004. Host attitudes toward tourism: an improved structural model[J]. Annals of Tourism Research, 31 (3): 495-516.

Ko D W, Stewart W P. 2002. A structural equation model of residents' attitudes for tourism development[J]. Tourism Management, 23 (5): 521-530.

Kreag G. 1994. The impacts of tourism[J]. Travel and Tourism.

Lankford S V, Howard D R. 1994. Developing a tourism impact attitude scale[J]. Annals of

Tourism Research, 21 (1): 121-139.

Lepp A. 2008. Attitudes towards initial tourism development in a community with no prior tourism experience: the case of Bigodi, Uganda[J]. Journal of Sustainable Tourism, 16 (1): 5-22.

Long P T, Perdue R R, Allen L. 1990. Rural resident tourism perceptions and attitudes by community level of tourism[J]. Journal of Travel Research, 28 (3): 3-9.

MacNeill T, Wozniak D. 2018. The economic, social, and environmental impacts of cruise tourism[J]. Tourism Management, 66: 387-404.

Mathieson A, Wall G. 1982. Tourism: Economic, physical and social impacts[M]. Harlow: Longman Pub Group.

Mbaiwa J E. 2003. The socio-economic and environmental impacts of tourism development on the Okavango Delta, north-western Botswana[J]. Journal of Arid Environments, 54 (2): 447-467.

Mbaiwa J E. 2011. Changes on traditional livelihood activities and lifestyles caused by tourism development in the Okavango Delta, Botswana[J]. Tourism Management, 32 (5): 1050-1060.

McCool S F, Martin S R. 1994. Community attachment and attitudes toward tourism development[J]. Journal of Travel Research, 32 (3): 29-34.

Moscardo G, Konovalov E, Murphy L, et al. 2017. Linking tourism to social capital in destination communities[J]. Journal of Destination Marketing & Management, 6 (4): 286-295.

Murphy P E. 1981. Community attitudes to tourism: a comparative analysis[J]. International Journal of Tourism Management, 2 (3): 189-195.

Pappas N. 2008. City of Rhodes: residents' perspective toward tourism impacts[J]. Anatolia, 19 (1): 51-70.

Ryan C, Montgomery D. 1994. The attitudes of Bakewell residents to tourism and issues in community responsive tourism[J]. Tourism Management, 15 (5): 358-369.

Shakeela A, Weaver D. 2018. "Managed evils" of hedonistic tourism in the Maldives: Islamic social representations and their mediation of local social exchange[J]. Annals of Tourism Research, 71: 13-24.

Smith V L. 1989. Hosts and guests: the anthropology of tourism[M]. Philadelphia: University of Pennsylvania Press.

Sroypetch S. 2016. The mutual gaze: Host and guest perceptions of socio-cultural impacts of backpacker tourism: a case study of the Yasawa Islands, Fiji[J]. Journal of Marine and Island Cultures, 5 (2): 133-144.

Vargas-Sánchez A, Porras-Bueno N, Plaza-Mejía M D L Á. 2011. Explaining residents' attitudes to tourism: is a universal model possible[J]. Annals of Tourism Research, 38 (2): 460-480.

Wall G. 1996. Rethinking impacts of tourism[J]. Progress in Tourism and Hospitality Research, 2 (3/4): 207-215.

Yoon Y, Gursoy D, Chen J S. 2001. Validating a tourism development theory with structural equation modeling[J]. Tourism Management, 22 (4): 363-372.

附录 1　国外旅游社会文化影响的主要量表

编号	研究者	指标
1	Davis 等（1988）	居民对旅游开发后拥挤程度；使用当地设施的方便程度；文化生活、生活质量、犯罪率等。实证对象是美国佛罗里达州
2	Ryan 和 Montgomery（1994）	居民对旅游开发后拥挤程度；使用当地设施的方便程度；文化生活、生活质量、犯罪率等。实证对象英国贝克韦尔（Bakewell）
3	Ap 和 Crompton（1998）	①积极社会影响：提高生活质量；增加娱乐设施/机会；提高防火保护质量；提高警察保护质量 ②积极的文化影响：加深对不同文化的理解和印象；促进文化交流；会议游客更加便利；保护原住民的文化认同；历史性和文化性的展览品增加 ③社会文化的负面影响：加剧紧张局势；加快社区及个人生活的节奏；增加污染；创造虚假民俗文化 ④测量指标：历史性活动及节日需求；文化活动或节目需求；社区的文化设施和活动多样化；学习和认识其他人或文化；熟识当地文化及遗产；区域娱乐活动多元化；保留或保护历史性设施的机会；接触有趣的人的机会；通过居民理解不同的人和文化；社区的生活的活力，等等
4	Pappas（2008）	①积极影响：旅游成为当地经济的重要组成；旅游业给当地带来就业机会；旅游提升当地城市形象；为游客服务的设施给当地居民提供更多的娱乐机会；旅游业鼓励多元化的文化活动，如艺术和节日；旅游提升当地居民的自豪感；旅游提供便利 ②消极影响：旅游业提高了真实的资本成本；旅游业提高了生活成本；旅游业打扰了当地的和平与宁静；旅游增加了当地街道和公共场所的流量；旅游使当地居民的日常生活词汇增加了外语；旅游增加了犯罪活动；旅游干扰了当地社区的社会价值观念
5	Kreag（1994）	①积极影响：提高生活质量；促进会议游客；价值观和习俗的积极变化；促进文化交流；促进不同社区间的理解；保护主人的文化认同；增加历史性和文化性的展览；扩大社会差别的容忍度；心理需求的满足 ②消极影响：语言和文化影响；不想要的生活方式的变化；旅游发展后居民的流离失所；习俗和价值观的消极变化；家庭矛盾；当地人使用自然资源的权利被排除；新派系修改社会结构；自然、政治和公共关系

附录2　国内旅游影响研究的主要量表

编号	研究者	测量指标
1	蔡碧凡等（2007）	改善及提升本地的形象；养成好的生活习惯（改掉陋习）；普通话得到普遍推广（提高了语言表达能力）；提高对外交往能力；促进本地居民思想观念的更新和开放；促进了邻居、朋友间的感情；促进对地方风俗习惯、传统文化的保护；导致居民和游客产生纷争和冲突；导致居民经营户之间互相竞争；游客的增多干扰居民生活作息
2	陈东芝（2011）	旅游对梯田的影响因子；歌舞表演因子；服饰与精神信仰因子；节庆习俗与表演因子；相关仪式因子；梯田因子；房屋功能及卫生因子；房屋层数与面积因子；自然环境因子
3	陈金华和周灵飞（2008）	提高本地知名度，有利于弘扬本地文化，促进当地文物保护；有利推广普通话；社会犯罪率上升、社会风气败坏与旅游发展相关；人际关系恶化
4	陈丽坤（2011）	家庭日常生产、经济来源；傣女服饰；饮食习惯、口味偏好；民居建筑；出行方式、工具；家神柱、火塘禁忌；丧葬制度；供养佛寺；泼水节、关门节；结婚礼节；上门女婿、少生育及小家庭；傣语、傣文；姓氏文化；傣族歌舞、壁画；宗教信仰
5	陈婷（2008）	改善了生活质量；增加了休闲娱乐的场所与机会；增强了消防、治安等防护能力；促进了文化交流；增强了居民的道德文化修养；改善了公共设施质量和数量；提高了本地的知名度；增强了人们保护文物古迹的意识；促进了当地传统文化的发展；增强了居民学习外语的积极性；使武汉市本地的优良传统受到冲击；使本地区的犯罪率上升；使本地居民与旅游者之间的关系紧张；游客有随地吐痰、乱扔垃圾、大声喧哗等不文明行为；游客对本地居民不够友善；游客铺张浪费等
6	谌莉等（2009）	与外地人交流机会；孩子上学机会；传统文化保存度；社区居民关系融洽度；社会治安状况；本地居民注重文明礼貌程度；对发展旅游业的总体态度
7	谌永生等（2005）	提高当地知名度；有利于当地传统文化的发掘和发展；有利于当地和外界进行文化和科学技术交流；促进文物的保护和利用；普通话得到推广，方言减少；提高居民学习英语的积极性；居民思想观念有所进步；居民商品经济意识增强；居民文明礼仪程度和对陌生人的好客程度增加；当地优良传统文化受到冲击；当地民族工艺品的艺术水平下降；游客衣着打扮、生活方式、道德规范等与当地传统格格不入；游客远远比当地居民富有；社会道德标准下降；离婚率升高；居民性行为开放程度增加；人与人之间的信任程度降低；居民的诚实度降低；犯罪率升高；社会不良现象与旅游有关
8	崔晓明和Ryan（2010）	创造就业机会；个人收入增长；交通问题和停车困难；地方文化复兴；产生环境威胁；社区广泛受益；希望从事旅游业；支持政府加快旅游发展；旅游规划忽视居民意见；对家乡感到自豪和依恋

续表

编号	研究者	测量指标
9	戴林琳和盖世杰(2011a)	社区生活及经济；开拓居民视野；改善基础设施条件；改变生活方式；提高村落知名度；提高服务水平；增加当地收入；提升景观风貌；增加休闲活动设施；提高生活水平；促进社区团结；增加居民收入；吸引更多游客；增加就业机会；吸引更多的外来投资；带动相关行业发展；促进旅游业发展；社会公平及环境；提升物价/房价；加大收入差距；消解传统文化；破坏社会道德；扰乱社会治安
10	丁华等(2008)	旅游开发有利于地质科学知识的普及；旅游开发有利于提高当地的知名度；旅游发展有利于宣传本地文化，了解外来文化；旅游发展有利于普通话的推广；旅游开发使民俗风情有所失真；旅游开发使传统工艺品商品化；旅游发展使当地的道德标准有所下降；居民之间的关系开始注重物质利益；人与人之间的信任度下降；很多年轻人模仿游客的衣着打扮、言行举止
11	窦开龙(2009)	宗教场所功能变化；宗教仪式内涵的变化；民族宗教日常生活方式的变化；宗教信仰的变化；宗教教育的变化；社会事件的发生；宗教饮食文化的变迁；宗教建筑文化的变迁
12	杜忠潮等(2007)	提高了当地知名度；有利于学习外来文化；有利于发展当地传统文化；有利于促进文物保护；改变了当地居民观念；改善了人际关系；扩大了年轻人的择偶范围；有利于普通话推广；降低了人们之间的信任度；使社会道德标准下降；犯罪活动与旅游有关；游客不良行为严重；改变了本地人的生活方式；社会犯罪率上升
13	樊国敬(2011)	交通便利评价指标；环境与服务质量评价指标；红色旅游资源知名度评价指标；交通便利评价指标的权重；红色旅游资源知名度评价指标的权重；环境与服务质量评价指标的权重
14	冯红英和赵金涛(2009)	可提高当地知名度；思想观念有了进步；改善了邻里关系；有利于学习外来文化；有利于传统文化的发展；增强当地人的自豪感；给女性提供更多就业机会；邻里关系紧张；本地优良传统受到冲击；犯罪率上升；与游客间关系紧张
15	冯磊等(2010)	提高本地知名度；丰富居民的文化生活；提高居民的凝聚力和对本地的热爱程度；瑶族文化得到保护和复兴；居民的文明礼貌程度和好客度增加；干扰居民的日常生活；犯罪和社会不良现象增加；导致当地居民和旅游者冲突；瑶族文化开发过于庸俗化、商业化；本地商业经营者商业道德下降
16	关俊利和谢雨萍(2011)	社会进步（提高了本地的知名度、使本地妇女的地位提升、改善了居民的人际关系、使本地民风民俗发生改变）；文化价值观（使本地道德水准下降、使本地犯罪和不良现象增加、促进了本地居民思想观念的更新和开放、改变了本地居民的就业观念、使本地居民婚姻观念和家庭关系受到冲击）；文化提升（丰富了本地居民的文化生活、提高居民学习外语的积极性、使居民对本地历史文化的了解和认识加深、使本地居民的普通话水平得到普遍提高、使地方传统民俗文化得到挖掘和发展）；文化传承（使本地文物古迹得到保护和利用、使本地传统文化资源的开发庸俗化）；生活方式（使本地居民更加珍视和保护传统的生活方式、扰乱了本地居民的日常生活）；文化交流（居民文明礼仪程度和对陌生人的好客程度增加、提高了居民对不同文化的理解与接纳能力、促进了本地居民与旅游者之间的文化交流）

续表

编号	研究者	测量指标
17	管兵中等（2007）	旅游提高乡村知名度；提高乡村居民凝聚力和对本社区的热爱程度；使乡村居民文明礼貌程度提高；使乡村居民更加殷勤好客；促进乡村居民对外来文化的了解和学习；促进乡村居民思想观念的更新和开放；使乡村居民更珍视和保护自己的生活方式；使地方传统文化（工艺等）得到保护与复兴；促进乡村文物古迹和古民居的良好保护；丰富乡村居民的文化生活；使乡村方言改变和减少；使乡村居民文化自豪感增加；促进乡村居民和旅游者之间的文化交流；使居民对乡村历史文化了解和认识加深；使乡村犯罪率（抢劫、诈骗等）上升；使乡村道德水准下降；使乡村赌博等不良现象增加；使乡村居民人际关系受到影响；使乡村居民婚姻观念和家庭关系受到冲击；干扰乡村居民的日常生活；使乡村传统生活方式和民风民俗发生改变；改变和损害了乡村优良传统文化；引起乡村居民与旅游者之间的冲突；使乡村传统文化资源开发商业化和庸俗化
18	郭伟等（2006）	有利于提高当地知名度；挽救了传统的手工艺；有利于了解外来文化；有利于当地传统文化的发掘；促进了文物保护和利用；使思想观念有了明显提高；改善了人际关系；扩大了当地人的择偶范围；使普通话得到推广，方言减少；旅游者的参观打扰了日常生活；使人们之间的信任程度降低；强买强卖现象明显；本地优良传统受到冲击；本地道德标准下降；使居民之间的关系开始注重物质利益；改变了本地人生活方式、生活习惯；带来了不安定感，如犯罪的增多
19	胡幸福和胡静（2011）	物质文化指标（生活方式、生计模式、生活环境、居住文化、社区发展）；行为制度文化指标（家庭文化、人际关系、古村落管理制度、传统风俗、古村落行为规范、语言习惯）；精神文化指标（思想文化意识、经济观念、艺术文化、信仰文化、婚育观念、审美倾向）
20	黄秀琳和官青木（2010）	提高莆田市和湄洲岛的知名度；有利于莆田市和湄洲岛传统文化的发掘和发展；有利于莆田市和湄洲岛与外界进行文化和科学技术交流；促进了妈祖文物的保护和利用；普通话得到推广；妈祖文化旅游的发展让重男轻女、早婚早育的现象减少了；妈祖文化旅游的发展增进了大陆和台湾的交流；是否以作为一名妈祖旅游地居民而自豪；居民文明礼仪程度和对游客的好客度增加；服饰和饮食习惯受到外来旅游者的影响；本地居民间人际关系有恶化趋势；妈祖文化旅游的发展带来了家庭结构的变化；人与人之间的信任程度降低；游客的涌入和旅游活动的开展干扰了居民的日常生活；妈祖文化旅游的发展使当地偷盗、抢劫的现象增加；是否能容忍非妈祖信徒来湄洲岛上纯粹游玩而不参拜妈祖；出现了一些败坏民风的现象
21	黄燕玲和罗盛锋（2008）	提高地方形象；促进居民思想观念的更新和开放；有接受旅游职业技能培训的机会；传统文化资源开放商业化、庸俗化；旅游者增多，居民使用公共休憩设施的机会减少；引发居民与旅游公司等外来经营者之间的冲突；引发居民与旅游者之间的冲突；犯罪和不良现象增加

续表

编号	研究者	测量指标
22	黄玉理（2006）	旅游为当地的产品带来了新的市场；旅游使古镇的其他行业受益；发展旅游对古镇有好处；旅游给古镇带来了收入；全体居民都应该受益于旅游业的发展；因为旅游的发展，古镇变得更拥挤了；旅游的发展使古镇的环境质量下降了；古镇的旅游发展太快带来很多负面影响；旅游者的到来打乱了日常生活；古镇的休闲娱乐设施被旅游者过度利用；旅游的发展使生活质量下降了；古镇现在和将来的环境必须得到保护；旅游的发展必须考虑为子孙后代改善环境；发展旅游应重视和保护生物的多样性；发展旅游应加大古镇环境保护的力度；旅游的发展必须保护古镇的环境；旅游发展与自然和社会文化环境协调；成功的旅游发展应由居民参与旅游决策；旅游发展应考虑到全体古镇居民的意见；旅游经营活动必须重视旅游者的满意度；吸引旅游者应保证旅游者有良好的旅游经历；发展旅游的决策应由古镇全体居民决定；所需物资和服务至少一半应从当地获得；旅游经营者至少一半应是当地居民；居民不参与旅游发展的决策也没关系；旅游规划应考虑到古镇长远的旅游发展；旅游的发展应考虑到未来的旅游规划；认为成功旅游管理需要先进规划策略
23	蒋长春（2010）	旅游提高了湄洲岛的知名度，塑造了良好的形象；旅游发展增加了居民与游客接触交流、学习外来文化的机会；旅游发展促进本地经济发展；旅游造成物价上涨；旅游改善了湄洲岛的公共设施；旅游者的参观打乱了日常生活，给生活带来不便；旅游的发展只是使少数人受益；应该让更多本地居民投资旅游业；对本地旅游业的发展现状感到满意
24	郎富平和杨眉（2006）	提高文化素质；增强自豪感；提升社会形象；丰富文化生活；扩大社交圈；提高社会地位；提升环保意识；传统文化消失；道德标准下降；犯罪现象增加；娱乐机会减少
25	李琛等（2011）	旅游业提高了本地的知名度；受旅游影响，本地居民思想观念有明显进步；旅游业发展促使当地人对自己的文化引以为豪；旅游发展使能听懂外来方言的本地居民增加；发展旅游业，有利于本地居民学习外来文化；旅游明显改变了本地人生活方式、生活习惯；旅游业干扰了本地人的正常生活；旅游业使得当地传统文化日益消失；受不同文化背景的游客影响，本地社会道德标准下降；旅游业使得本地离婚率上升；旅游业使得本地犯罪率上升；由于游客增多，本地居民使用公共设施的机会减少；游客太多使人感到心烦，应控制旅游业规模
26	李凡和金忠民（2002）	发展旅游业改变了当地的社会面貌；发展旅游业使当地的生活水平提高；旅游改变了当地的传统文化；旅游导致了当地社会治安水平下降；外来旅游从业人员比本地的多，抢了本地人的饭碗；与游客的生活方式和习惯格格不入；游客远比当地人富有；家庭成员离开本地出去打工；十分愿意与游客接触；旅游给当地居民带来更多娱乐活动
27	李经龙等（2003）	旅游地居民的态度；示范效应；道德感的退化；对语言的影响；对宗教的影响；文化移入；对传统工艺品的影响；对传习风俗的影响
28	李茂林（2009）	旅游增加了就业机会；旅游增强了民族自豪感；旅游使传统艺术和手工艺得以弘扬；旅游使我们的传统古建筑得到保护；旅游增强了教育意识；旅游使生活环境得到改善；旅游打乱了日常生活；旅游破坏了民风民俗；旅游淡化了传统生活习惯；旅游破坏了宗教的神圣性；旅游扰乱了社会治安环境；旅游使人际交往更加注重物质利益

续表

编号	研究者	测量指标
29	李先锋和何健（2010）	饮食习惯；亲属关系；女性地位；民族意识；道德行为
30	李燕琴（2011）	独特文化价值得到外部肯定，村民自豪感增强；许多村民吸纳了外来价值观念，失去了对传统文化的尊重；旅游发展破坏了当地传统的民族文化；游客歧视影响自尊心；村民之间为经济利益相互竞争，导致人际关系变得淡薄；就业和挣钱机会增加，妇女和年轻人的社会地位提高；村里基础设施得到改善，如修建学校或改进道路交通；赌博等社会问题增加
31	李峥（2007）	提高社会知名度；增加自豪感；有利于传统文化发掘；有利于普通话推广；居民思想更加开放；改善人际关系；强买强卖现象严重；道德标准下降；赌博与旅游有关
32	李志飞（2006）	游客行为；语言；地方风俗；地方饮食；民族服饰；地方建筑
33	刘葆等（2005）	提高了本地的知名度；使居民对本地历史文化的了解认识加深；促进了本地居民与旅游者之间的文化交流；促进了本地居民思想观念的更新和开放；促进了本地文物古迹和古民居的保护；使地方传统文化（工艺、艺术等）得到保护与复兴；促进本地居民对外来文化的学习和了解；丰富了本地居民的文化生活；使本地居民的文化自豪感增加；使本地居民更加珍视和保护自己的生活方式；使本地居民文明礼貌程度提高；提高了本地社区居民的凝聚力；使本地居民更加殷勤好客；旅游者的文化水平和经济收入比本地居民优越；使本地传统文化资源的开发商业化和庸俗化；使本地交通和人口过度拥挤；使本地犯罪率（抢劫、偷窃、诈骗）上升；使本地道德水准下降；使赌博等不良现象增加；使本地居民的人际关系（相互信任等）受到影响；使本地居民婚姻观念和家庭关系受到冲击；干扰了本地居民的日常生活；改变和损害了本地优良传统文化；引起了本地居民与旅游者之间的冲突；使本地方言改变和减少
34	刘德秀和秦远好（2008）	有利于提高当地的知名度；有利于学习外来文化；促进当地传统文化的发展与挖掘；促进当地的文物保护与利用；促进当地居民思想观念的进步；改善当地居民间的人际关系；扩大当地青年人的择偶范围；使普通话得以推广；导致人与人之间的信任度降低；强买强卖现象增多；当地的优良传统受到冲击；导致当地社会道德标准下降；刺激赌博等不良现象发生；当地犯罪率上升
35	刘卫国等（2011）	对饮食文化的影响；对城市文化的影响；对传统文化的影响（民俗风情、旅游工艺品）；对当地娱乐文化的影响；对当地居民思想文化的影响
36	刘燕（2005）	古城功能的转变（古城居住功能的替代、古城商贸服务功能改变）；社会网络的变迁（古城居民迁出、外地商人迁入）；文化的涵化（丽江古城文化的商品化、丽江古城文化氛围的减弱）
37	刘迎华和朱竑（2006）	卫生状况；治安状况；犯罪现象是否增加；犯罪现象的增加与旅游业的关系；公德意识；文明水平；女性就业机会；妇女的地位；娱乐活动增加与旅游业关系；生活是否受影响；开发前对穿泳衣的游客的认知；开发后对穿泳衣的游客的认知；邻里关系；离婚现象增加；传统饮食习惯；普通话水平；妈祖文化

续表

编号	研究者	测量指标
38	卢松等（2010）	物质文化挖掘与传承；民风民俗的改变；居民受教育水平；旅游目的地治安状况；产业基础；旅游业带动能力；生活质量与水平；旅游业投资回报率；旅游产品；基础设施；旅游从业人员素质；社区居民友善度；社区参与与管理水平；利益分配的公平性；社会发展政策的远见性；政府对旅游企业政策；修缮资金的投入；监督系统；建筑物完好度；保护政策；景区空间拥挤程度；建筑污染；环境污染；自然资源消耗状况；大气；水质；噪声；森林覆盖率；居民环保意识；环境保护规划的编制；环境管理、监督水平；废弃物处理能力
39	卢松和张婕（2009）	使本地村民文明礼貌程度提高；使本地村民更加殷勤好客；旅游发展促进本地村民学习、了解外来文化；旅游发展使村民更加珍视和保护自己的生活方式；旅游发展保护和挽救了地方传统文化；旅游发展促进了村里的古民居和文物的保护；旅游发展使本地村民的自豪感增强
40	卢松等（2008）	旅游促进了当地传统文化的保护；旅游增进了当地人的自豪感；旅游促进当地人学习外来文化；旅游提升本地知名度；旅游干扰当地人日常生活；旅游导致主客冲突；旅游使得当地犯罪现象增多
41	卢小丽和武春友（2008）	提高本地知名度；改善社区人际关系；促进文化交流；保护当地传统风俗习惯；提高旅游目的地犯罪率
42	卢小丽和肖贵蓉（2008）	促进文化活动多样性；改善本地外观；促进文化遗产保护；改善基础设施；导致交通拥挤；导致娱乐设施拥挤；破坏生态系统；增加赌博和非法娱乐
43	马汇（2011）	饮食民俗（饮食结构更趋于营养化、饮酒民俗更趋于理性化）；服饰民俗（款式与做工依旧沿袭传统风格、盛装与便装：表演功能与实用功能的分离）；居住民俗（严格保持统一布局和风格，建筑材料以传统为主、现代为辅，房屋出租情况并不普遍）
44	马英（2005）	提高了当地的知名度；提高了对外交往能力；工作机会增多；普通话得到推广，提高了语言表达能力；改善了当地生活环境；改变了当地人的生活方式和生活习惯；增强了当地的环境保护意识；促进本地居民思想观念的更新和开放；彝文逐渐得到恢复，带动了彝文的学习；促进了地方风俗习惯、传统文化的保护；使本地的环境质量逐渐下降；使本地犯罪率上升；干扰居民的正常生活习惯；人与人之间的信任度降低；导致本地居民间矛盾加剧；导致居民与游客产生纷争和冲突；使本地传统资源开发商业化
45	茆长荣（2006）	生计模式；居住民俗；服饰文化；生活方式（饮食/消费/作息时间）；职业分化；婚姻习俗；交通习俗；语言习俗；思想意识；思维方式；宗教信仰；寨老制度
46	孟华和范方莹（2010）	提高了本地知名度；促进了本地民俗发展；居民的文明程度和好客度增加；旅游干扰大家的正常生活；社会治安与风气变差
47	欧阳润平和覃雪（2010）	旅游发展使本地优良传统受到冲击；人们之间的相互信任程度降低了；使本地居民婚姻观念和家庭关系受到冲击；本地社会道德标准下降；提高本地的知名度；促进了文化交流；促进了本地居民思想观念的更新和开放
48	欧阳润平和王立（2007）	改善居民生活质量；促进民俗传统的保护；增加居民受教育机会；增进家庭成员间和睦；改善住地邻里关系；老百姓更安定幸福；社会风气更好；增加卫生医疗保障；社会治安状况更好

续表

编号	研究者	测量指标
49	潘秋玲和李雪茹（2006）	对饮食文化的影响（对当地传统饮食文化的影响/外来饮食文化的传入）；对节庆文化的影响；对娱乐文化的影响
50	琼达等（2010）	使居民生活水平提高；旅游使工作岗位增加；旅游引进了先进的外来文化；旅游提高了本地的知名度；旅游使地方民族特色文化得到保护；旅游使生活环境和设施得到改善；旅游使交通更加方便；旅游提高了居民保护本地文化的积极性；旅游改善了本地的治安状况；旅游使本地物价上涨；旅游增加了本地的噪声及环境污染问题；旅游使交通拥挤的问题更严重；旅游使人们之间信任度降低；旅游使本地优良传统受到冲击；旅游使本地犯罪情况增加；旅游使居民户外活动的机会减少；旅游使更多的外来人口来到本地居住；旅游使居民贫富差距增大
51	宋振春等（2006）	提高居民的凝聚力和对本地的热爱程度；传统文化与古建筑得到保护和复兴；丰富了居民的文化生活；增加居民的文明礼貌程度和好客度；提高了本市的国际化形象；增加了把本市推向世界的机会；改善经济结构，吸引更多外来投资；加快了基础设施的投入和发展；加快了旅游设施的投入和发展；导致旅游者和当地居民的冲突；本地社会道德标准下降；本地传统文化资源的开发庸俗化；本地商业经营者商业道德下降；本地社会治安环境变差；干扰了居民的日常生活
52	宋子千和宋瑞（2010）	发展旅游使家庭收入增加；发展旅游使本村（镇）人居民的收入普遍增加；发展旅游使村（镇）里人就业机会增多；发展旅游提高了村（镇）里人的自豪感；发展旅游提高了村（镇）里人对文物的保护意识；发展旅游后，物价上涨，生活成本增加；发展旅游使村（镇）里人贫富差距变大；发展旅游干扰了村（镇）里人的正常生活；发展旅游破坏了本地传统的宁静生活氛围；发展旅游造成不良现象的增加；新的建筑破坏了本地传统古村（镇）的整体风貌；旅游加剧了环境污染（水质、噪声等）；发展旅游对村（镇）里人来说，是利大于弊
53	唐晓云等（2010）	民主权利；家庭关系；邻里关系；治安状况；社会风化；着装服饰；生活习俗；观念信仰
54	唐雪琼和朱竑（2010）	两性能力认知；对传统性别角色规范的态度；家庭财产传承观念；男女平等观念
55	涂玮等（2008）	灵璧石旅游开发后的个体经营利益将大于现在；灵璧石旅游开发会提高政府的财政收入和税收；灵璧石旅游开发会吸引更多的投资商；旅游发展会提高县镇知名度；发展旅游会改善当地基础设施建设及餐饮、酒店等服务行业的质量；灵璧石旅游会给本地居民带来更多的就业机会；诗画和经名人收藏的灵璧石，能增加灵璧石文化韵味，提高经济附加值；旅游使普通话得以推广，讲方言的居民减少；开发旅游有利于灵璧石的保护；灵璧石旅游开发会增强居民环境、资源保护意识；开发旅游会改善当地的生活环境；发展旅游会提高本地区住房等不动产成本；灵璧石旅游开发只能使少数人受益；发展旅游会使本地的商品和服务价格上涨；发展旅游会使本地居民生活费用增加；发展灵璧石旅游会导致居民的诚实度下降；大量游客的到来会提高本地的犯罪率；游客来旅游会扰乱居民的常规生活；大量游客来旅游会污染当地环境（水、空气、交通、噪声）；大量游客来旅游会造成本地区交通拥挤，如灵璧石文化节；灵璧石旅游资源的乱采乱挖会造成山体自然环境的破坏；灵璧石商贸旅游会造成本地灵璧石资源流失、枯竭；灵璧石商贸旅游会造成奇石资源的破坏

续表

编号	研究者	测量指标
56	申葆嘉（1999）	积极作用：提高生活质量；增加休闲娱乐设施与机会；提高防护能力（如防火、防盗、防爆等）；促进文化交流、增进民族了解；促进世界和平；保持文化个性；学习与陌生人打交道；增加文化史迹的展示 消极作用：加剧赌博和酗酒现象；破坏淳朴民风；加剧人际关系的紧张；导致民族、种族的冲突；带来文化、艺术、民俗等的商品化；带来价值观念和伦理道德的蜕变
57	汪德根等（2011）	地方感；环境态度；参与度；居民旅游影响感知；支持度
58	汪彦（2008）	提高社会形象、知名度；为生活在这个村而感到自豪；思想观念更加开放；扩大社交圈，有了更多的朋友；提高文化素质，会使用电脑、普通话；希望能过上城市生活；希望有机会去外地旅游；会更加主动地保护当地的文化、遗产、方言；增强环境保护意识；与村民和谐相处；村民道德标准下降；赌博、盗窃等犯罪现象增加；当地优良传统带来冲击；参加过旅游相关知识、技能的培训
59	王伯承和吴晓萍（2016）	传统婚姻制度；传统婚俗；传统家庭
60	王帆和赵振斌（2007）	日常生活的节奏；社会治安状况；社区卫生环境状况；城市化的水平；邻里之间的关系；居民的商品经济意识；对传统文化的自豪感；传统的家族观念；尊重老年人的权威；对读书明理的态度；对勤俭持家的态度；生产传统手工艺的机会；非物质类民间艺术展示机会；遵循传统的婚丧嫁娶习俗；热情淳朴的民风
61	王宏兰（2006）	改变县城面貌；改善经济状况；激发当地居民自豪感，珍视文化遗产；消费观念与时俱进；旅游观念的改变；经济观念加强，传统文化扭曲；道德意识淡化；社会治安变差
62	王鹏辉（2015）	社会组织；价值观念与伦理道德；生活方式；民俗；宗教；民族工艺品；旅游目的地居民的态度；本土民族社会文化意境的影响；地方社会文化认同的影响
63	王世金等（2011）	旅游发展提高了本地知名度；丰富了居民的文化生活；提高了本地居民的凝聚力和对民族的热爱；促进传统民族文化的发掘与弘扬；有利于学习外来文化的语言，扩展事业，促进了居民思想观念的开放；促使传统文化（工艺、艺术等）与古建筑、文物古迹得到保护与修复；居民商品经济意识增强；随着旅游发展，和以前相比，居民对旅游者的好客程度有所减弱；本地的传统文化、风俗习惯受到外来文化冲击；受旅游影响，犯罪和不良现象（如赌博）增加，安全感降低；文化差异大，沟通不畅，居民与旅客之间常发生不愉快的事情；使本地传统文化资源（文化、艺术、民俗等）开发商业化和庸俗化；旅游使商业道德变差，出现强买强卖现象；游客行为、言语不尊重当地风俗习惯和禁忌
64	王素洁和Harrill（2009）	对历史类活动的需求；对文化活动的需求；社区文化活动和设施的多样性；了解其他人和文化的机会；对地方文化、遗产的认同；当地娱乐活动的多样性；修复和保护历史建筑物的机会；遇到感兴趣的人的机会；居民对不同人和文化的理解；社区生活的多样化
65	王小辉（2011）	有利于学习外来文化；有利于提高当地知名度；有利于发展当地传统文化；普通话得到推广，方言减少；人们之间信任度降低；社会道德标准下降；发展旅游成为家庭不和睦的影响因素；游客不良行为严重

续表

编号	研究者	测量指标
66	王忠福（2011）	使当地居民对当地文化有很大的优越感；能促进旅游地传统文化的发掘与发展；推动了传统文化（工艺、艺术等）保护与利用；促进了旅游地居民思想观念进步；使本地居民文明礼仪程度和对陌生人的好客程度增加；增加了文化史迹的展示；能提高旅游地的知名度；推动了本地文物古迹的保护和修复；使居民对本地历史文化的了解和认识加深；使本地居民文明礼貌程度提高；有助于旅游地学习外来文化；改善了本地居民的人际关系；提高了本地居民的凝聚力和对本城市的热爱；明显改变了本地人的生活方式和习惯；使本地居民更加珍视和保护自己的生活方式；增加了本地居民的娱乐休闲机会（鼓励和丰富了当地文化生活、活动）；促进了本地居民与旅游者之间的文化交流；扩大了旅游地青年的择偶范围；提高了本地防护能力（如防火、防盗、防爆等）；提高了社会治安与社会安全保障能力；有利于普通话推广，方言减少；使本地居民故意破坏公物的行为减少；促进自然与人文环境保护；使旅游地优良传统受到冲击；导致人与人之间的信任度降低；使本地居民的诚实度降低；使本地居民之间的关系开始注重物质利益；使旅游地居民离婚率上升；使跨国婚姻增加；导致家庭关系和家庭结构变化；游客衣着打扮、生活方式、道德规范等与当地传统格格不入；使居民性行为开放程度增加；使商业道德规范变差；旅游中旅游者做出不良行为；引起旅游地社会道德水准下降；导致赌博等不良现象增加；导致本地居民被迫迁移；导致旅游地犯罪率上升（个人犯罪上升、团伙犯罪上升）；使强买强卖现象增多；引起了本地居民与旅游者之间的冲突；使本地传统文化资源（文化、艺术、民俗等）的开发趋于商业化和庸俗化；导致本地民族工艺品艺术水平下降；使居民被迫从事某些表演活动，民俗文化被异化；增加了对当地资源的过度开发；过多的游客不利于民居建筑的保护
67	吴畏等（2011）	有利于提高当地知名度；挽救了民族传统体育文化；有利于了解体育文化；有利于当地传统文化的发掘；促进了体育场馆的维护和利用；使思想观念有了明显提高；改善了人际关系；扩大了当地人的择偶范围；使普通话得到推广，方言减少；体育旅游者的活动打扰了日常生活；使人们之间的信任程度降低；强买强卖现象明显；本地优良传统受到冲击；本地道德标准下降；使居民之间的关系开始注重物质利益；改变了本地人生活方式、生活习惯；带来了不安定感，如犯罪的增多
68	吴忠军和周密（2009）	表演形式发生的变化；音乐内容的变化；所用乐器的变化；所用道具的变化；表演场所的变化；表演时间的变化；表演时服装的变化；演员装饰品的变化；演员规模的变化；演员动作的变化；演员面部表情的变化；演员精神面貌的变化；男女演员比例的变化
69	吴忠军和周密（2008）	外观和风格；层数；总高度；占地面积；选址；建房时间；建房相关仪式；景观布局；功能用途；内部空间布局；建筑材料；装饰材料；建筑工艺；排水设施
70	席宇斌等（2010）	节事社会知名度；节事社会美誉度；社区节事认同意识；节事带来的当地文化展示；节事带来的当地文化传承；节事活动中的主客关系；节事对社区精神风貌的影响；节事期间社区和谐稳定程度；节事对居民日常生活的影响

续表

编号	研究者	测量指标
71	肖光明等（2007）	旅游发展改善邻里关系的程度；旅游发展促进村里传统文化复苏的影响程度；旅游给村民带来更多娱乐活动的影响程度；发展旅游使当地普通话得以推广的程度；旅游发展对提高本地知名度的程度；旅游发展对促进当地文物保护的程度；发展旅游业对村民扩展知识面的影响程度；发展旅游对当地卫生环境的影响程度；旅游对当地社会风气的总体影响程度；旅游对村民生活水平的影响程度；社会治安状况因发展旅游而受到影响的程度；离婚率；犯罪率；宗教信仰；村民价值观；传统节事活动神圣感等
72	谢婷等（2009）	旅游开发对居民生活品质的影响（家庭经济收入、交通事故、犯罪事件、娱乐游憩设施、家庭生活质量、社区消防治安设施、日用品价格、高档商品的购买能力、精神压力、居住地的拥挤程度）；居民对旅游就业和文化变迁的感知（工作机会、贷款的可能性、与外地人交流的机会、家人参与旅游工作的数量、周围亲属邻居参与旅游工作的数量、外地人来本地经商的数量、本地文化的展示机会、外地文化对本地文化的冲击）；居民对旅游移民的态度
73	许春晓等（2009）	促进米豆腐、苗市腊肉工艺的复兴；促进了土家织锦的传承；促进了民间表演艺术的繁荣；使居民对当地历史文化有了新的认识；使居民更乐意继承老一辈的传统习俗；使本地饮食文化更加繁荣；促进本地居民对外来文化的了解与学习；使本地居民的文化自豪感增强；促进了本地居民思想观念的更新和开放；使传统手工艺品的艺术水平下降；使当地传统文化商业化和庸俗化；使当地民族工艺品失去了真实性；使本地说方言的人越来越少；使一些不良现象增多；人们更注重金钱关系，传统的家庭、邻里关系破坏
74	宣国富等（2002）	有利于提高当地知名度；有利于学习外来文化；有利于当地传统文化的发掘和发展；促进文物保护和利用；居民思想观念有明显进步；改善了人际关系；扩大当地青年人的择偶范围；普通话得到推广，方言减少；人们之间的信任程度降低；强买强卖现象明显；本地优良传统受到冲击；本地社会道德标准下降；赌博等不良现象与旅游有关；个人犯罪率上升；团伙犯罪率上升
75	薛宝琪等（2011）	旅游发展只能使少数人受益；当地优良文化传统受到冲击；旅游发展会使犯罪和不良现象增加；可能破坏宁静的市民生活氛围；可以丰富市民的文化生活；可以更新市民的思想观念；可以使当地民俗风情得以发扬；可促进文物保护和利用

附录3　旅游社会文化影响研究调研问卷

问卷编号：

旅游社会文化影响研究调研问卷

亲爱的村民朋友：

您好！为更好地完成《旅游地社会文化影响及其调控》课题，我们需要您配合完成此调研问卷以了解您对贵村旅游开发或社会文化变化情况的看法和建议，请您在符合您想法的栏目上打"√"。

感谢您的支持与配合！

中国旅游研究院课题组

● **您的基本情况**

性别：A. 男　　　B. 女

年龄：A. 20～30岁　B. 31～40岁　C. 41～50岁　D. 51岁及以上

民族：A. 壮族　　　B. 汉族　　　C. 其他

文化程度：A. 小学及以下　B. 初中　C. 高中或中专技校　D. 大专及以上

是否经常和游客接触：A. 是　　　B. 否

是否开展旅游经营：A. 是　　　B. 否

旅游收入是否是您家庭的主要收入：A. 是　　　B. 否

家庭年旅游收入：A. 0～10 000元　　B. 10 001～30 000元　C. 30 001～50 000元　D. 50 000元以上

参与旅游经营的时长：A. 0～1年　B. 1～3年　C. 3～5年　D. 5年以上

● **您对社会文化变化的总体态度**

是否热爱本民族文化：A. 是　　　B. 否

旅游开发是否干扰了您的日常生活：A. 是　　　B. 否

对本村社会文化变化的总体看法：A. 能接受　　B. 不能接受　C. 不清楚

对本村发展旅游的总体态度：A. 支持　B. 反对　C. 不清楚

对本村旅游开发前景的看法：A. 好　B. 不好　C. 不清楚

- **您对本村旅游开发的建议：**
- **旅游开发后您所在村寨社会文化的变化状况：**

调查项目	变化程度					接受程度				
	极大减少	减少	无变化	增加	极大增加	很难接受	难接受	无所谓	能接受	乐意接受
1. 传统建筑及历史遗迹										
2. 传统服饰										
3. 使用外地语言的频率										
4. 传统工艺品艺术水平										
5. 民族风俗/节庆										
6. 居民的生活方式										
7. 居民的好客程度										
8. 居民的文明礼仪										
9. 居民的法制观念										
10. 居民的道德水平										
11. 居民的民族信仰										
12. 家庭矛盾										
13. 邻里关系										
14. 与周边区域关系										
15. 外来经营者数量										
16. 妇女地位										
17. 本地人地位										
18. 公共设施及其利用										
19. 交通便利性										
20. 社区拥挤程度										
21. 社会治安										
22. 物价水平										
23. 贫富差距										

附录3 旅游社会文化影响研究调研问卷

续表

调查项目	变化程度					接受程度				
	极大减少	减少	无变化	增加	极大增加	很难接受	难接受	无所谓	能接受	乐意接受
24. 赌博										
25. 犯罪率										
26. 本地形象										
27. 居民自豪感										
28. 居民的文化娱乐活动/设施										
29. 居民的心理压力										
30. 居民的健康状况										
31. 居民受教育水平										
32. 历史文化展览										
33. 文化遗产保护										
34. 与外界的文化交流										
35. 对文化活动的需求										
36. 社交活动										
37. 文化优越感										
38. 文化商品化										
39. 虚假民俗文化										